Paris

http ://www.laboiteapandore.fr

La Boite à Pandore est sur Facebook. Venez dialoguer avec nos auteurs, visionner leurs vidéos et partager vos impressions de lecture.

ISBN : 978-2-87557-266-0 – EAN : 9782875572660

Dépôt légal : D/2016/11906/35

Laura Passoni et Catherine Lorsignol

Au cœur de Daesh avec mon fils

Turquie
Izmir
Adana
Gaziantep
Karamis
Manbij
Al-Bab
Raqqa
Deir ez-Zor
Syrie

Date maudite

22 mars 2016

Aéroport de Zaventem-Bruxelles National, 7 h 58, hall des départs. Trois terroristes, des explosifs, la haine, la mort. 9 h 11, station de métro de Maelbeek, un autre kamikaze, une rame bondée de navetteurs pressés, une effroyable détonation. Trente-deux morts et trois-cent-quarante blessés.

Le 22 mars, date maudite. Celle des attentats les plus meurtriers qu'ait jamais connus la Belgique.

Pour moi, le 22 mars, c'est aussi la veille du premier jour du reste de ma vie. Je suis inculpée pour participation aux activités d'un groupe terroriste. Pas n'importe lequel. L'« État islamique », Daesh, celui qui revendique aujourd'hui le sang versé à Bruxelles. Demain, le tribunal correctionnel de Charleroi scellera mon sort en rendant son jugement, un mois après le début du procès.

Quand j'apprends la nouvelle, je ne comprends pas tout de suite. « Deux explosions à Zaventem », les médias ne parlent pas encore d'attentats. Je ne prête pas plus d'attention à ce titre sur le fil d'actualité de *Facebook*. Je dépose mon portable pour m'occuper du ménage. Ce qui me préoccupe, c'est la décision que prendra le tribunal demain. Je risque la prison. Cette journée va être la plus longue de ma vie. Je suis dans un état de stress indescriptible. Ma mère m'aide à ranger la table du petit déjeuner. Depuis mon retour de Syrie, il y a un an, pas un jour ne passe sans qu'elle me donne un coup de main.

Nous prenons un café ensemble. Je suis bien dans cette maison. C'est mon repère. Un refuge dans lequel je me sens en sécurité. Si mes parents ne s'étaient pas battus pour la garder, je n'aurais pas cette indépendance. Ils ont payé mon emprunt, rassuré la banque, pris le relais pour préserver mon nid. Une petite maison de rangée, trois pièces en enfilade, trois chambres dont une mansardée. Ce n'est pas grand mais parfait pour accueillir mes deux enfants. Grâce à mon père, il y a tout le confort. Il a tout remis à neuf: électricité, sanitaires, carrelages, peintures. Je ne le remercierai jamais assez.

Après le ménage et le café, comme tous les matins, je raccompagne ma mère chez elle. Mes parents habitent à cent mètres. Mon père est dans la cuisine; il consulte sa tablette et la radio fonctionne à plein tube.

« Vous avez entendu ? Il y a eu des attentats à Bruxelles ! Dans le métro et à l'aéroport !

— C'était ça, les explosions ? Je croyais que c'était un accident !

— C'est grave, Laura ! Il y a des morts et des tas de blessés, des femmes et des enfants ! »

Le décompte des enfants morts, les explosions, j'y suis habituée. C'était mon quotidien en Syrie. L'annonce de ces attentats sur le sol belge sonne d'abord comme quelque chose de familier. Mon père allume la télé. Les premières images atterrissent dans le salon. Là-bas, j'entendais les explosions sans voir les morts. Ici, c'est l'inverse. Des images choquantes de douleur et de destruction. J'ai fui la guerre et la barbarie en quittant la Syrie mais, aujourd'hui, elles m'ont rattrapée. Il fallait s'y attendre. Daesh l'avait annoncé clairement dans ses multiples vidéos de propagande.

Je ne peux pas m'empêcher de penser qu'ils ont mal choisi leur moment. Ces évènements auront-ils une influence sur la décision du tribunal ? Pour la justice, je suis forcément de leur camp, du côté des terroristes, des barbares. Aux yeux de Daesh, je ne suis pourtant qu'une traitresse. En regardant cette édition spéciale du journal, je pense à mon fils. Il l'a échappé belle. C'est pour qu'il ne finisse pas en mille morceaux dans un attentat-suicide que je suis revenue en Belgique. Si j'étais restée en Syrie, Daesh l'aurait envoyé au combat ou en aurait fait un martyr. Il n'a que 6 ans, mais là-bas, dès le plus jeune âge, on leur bourre le crâne. Je n'aurais jamais pu supporter que mon fils devienne un terroriste. Je n'avais pas rejoint l'« État islamique » pour ça ! Je voulais simplement trouver un mari fidèle, c'est ce qu'ils m'avaient promis. Une vie de mère, de femme au foyer, dévouée à sa famille. J'ai été bien naïve.

Quand Nassim rentre de l'école, nous sommes toujours hypnotisés par la télévision qui distille les informations au compte-gouttes depuis le matin. Le petit comprend tout de suite de quoi il s'agit. La nouvelle est arrivée jusque dans la cour de récréation.

« Maman, j'ai dit à la maitresse que l'islam, c'est la religion de l'amour comme tu m'as expliqué. Pourquoi ils ont fait ça, les « frères » ? On les connait ? Ils étaient gentils avec moi, les « frères » !

— Ils ne sont pas tous gentils, Nassim. Ceux qui ont fait ça, ce sont des méchants.

— Ils sont très méchants, ils nous ont attaqués ! Plus tard, je serai policier pour arrêter les méchants. »

Je suis fière de mon fils. L'emmener là-bas a été la plus grave erreur de ma vie. Demain, j'en connaitrai le prix, celui que la justice me demandera de payer à la société.

Je m'appelle Laura Passoni. Voici mon histoire.

Croisière pour la Syrie

Jumet, le 14 juin 2014

Je me réveille un peu nerveuse mais je me sens bien. Il n'est que sept heures trente. Oussama viendra me chercher à quinze heures précises. Avant de me lever, je passe en revue la liste des choses à faire. Mon passeport et celui de mon fils Nassim sont dans la table de nuit, cachés sous le drapeau de « l'État islamique en Irak et au Levant »[1] offert par Oussama après notre mariage, il y a moins d'un mois. Les lettres pour mes parents et ma sœur sont prêtes. Quand ils les trouveront, je serai déjà loin. Là où j'aurai enfin la vie dont je rêve, en Syrie, avec mes « frères » et mes « sœurs » en islam. Tout a été si vite. Oussama a tout organisé. Mes parents ne se doutent de rien. Ils pensent que je pars huit jours en croisière avec mon nouvel amoureux. Je sais que je vais leur faire du mal mais je n'ai plus le choix. Il faut partir. Je me sens coincée, prise dans une spirale infernale. Partir en Terre sainte est une obligation, m'a-t-on suffisamment répété. Il est huit heures, je me lève. Nassim est réveillé. Nous prenons notre petit déjeuner, maman a déjà préparé le café. Les tartines avalées, j'emmène Nassim chez son père, pour qu'ils se voient une dernière fois. Sur le chemin qui mène chez mes ex-beaux-parents, je doute. Est-ce vraiment une bonne idée de partir ? Est-ce le bon choix pour mon fils ? Mes proches vont tellement souffrir. J'arrive devant la grande maison, sur une petite place

1. Appellation du groupe terroriste jusqu'à la proclamation du califat par Abou Bakr al-Baghdadi le 29 juin 2014. « L'État islamique en Irak et au Levant » prend alors le nom d'« État islamique ».

tranquille. Je suis venue ici si souvent. Nassim se précipite pour sonner à la porte. Mon ex-belle-mère ouvre.

« Bonjour ! Quelle surprise !

— Je viens voir Mohamed pour qu'il dise au revoir à Nassim avant notre départ en vacances.

— Mohamed n'est pas là, il est parti en voyage lui aussi. »

Je ne réponds pas. Il doit être avec sa nouvelle copine, celle qui m'a remplacée. Ça me met les nerfs. Mes doutes s'envolent en un quart de seconde. C'est une couche de plus sur tout ce qui a forgé ma détermination à quitter le pays et cette vie si grise. Mon ex-belle-mère nous fait entrer, elle donne un peu d'argent à Nassim pour les vacances. Je l'emmène tout de suite au magasin pour acheter des DVD, ça l'occupera pendant le voyage. Il choisit un dessin animé des « Bisounours » et un autre de « Bob le bricoleur ».

De retour à la maison, il est temps de s'occuper des bagages. Ma mère a déjà préparé notre valise il y a quelques jours. Elle aime ça, alors, je l'ai laissé faire, mais maintenant je dois tout recommencer discrètement. Elle n'a évidemment prévu que des tenues estivales, pas vraiment adaptées pour vivre en Terre sainte. Je troque les maillots et les shorts de Nassim contre quelques trainings et des vêtements plus chauds. Pour moi, des jilbabs[1] et des niqabs[2] commandés sur internet. J'embarque trois paires de chaussures solides et un sac à dos contenant les jouets préférés du petit. Je me sens un peu perdue, ai-je choisi les bons vêtements ? Oussama m'a dit de prendre un peu de tout mais surtout pas de trop. Des bagages encombrants ou trop lourds

1. Longue et large robe couvrant les cheveux et le corps.

2. Voile couvrant tout le visage sauf les yeux.

risquent de nous freiner dans nos déplacements. Nous prévoyons de traverser la frontière turco-syrienne avec une seule grosse valise et un sac à dos. En emballant nos effets, je rêve de cette vie à trois. Plus rien ne pourra m'arrêter, plus rien d'autre ne compte que cette vie de famille à laquelle j'aspire.

Mes parents sont dans la cuisine avec Nassim. Je les rejoins pour profiter de leur présence, encore un peu. Mon départ en vacances les rend heureux, même s'ils trouvent que je brule les étapes avec Oussama. Je l'ai rencontré il y a deux mois et on s'est vus moins d'une dizaine de fois. Mes parents ne l'ont jamais rencontré. En réalité, Oussama ne veut pas les voir. Tout à l'heure, il m'attendra dans une rue non loin de la maison pour éviter de les croiser. Si mes parents connaissaient la vérité... Mon père ignore que je l'ai épousé. Un mariage religieux célébré rapidement, quelques semaines auparavant, en comité très restreint. Aucun membre de ma famille n'était toléré de toute façon. Ce sont des mécréants. Ma mère est au courant mais elle n'a pas pris ça au sérieux. Pensive, je lâche, presque sans m'en rendre compte, une phrase équivoque.

« On ne connait pas assez les gens...

— Si tu ne le sens pas de partir avec lui, t'es pas obligée, Laura !

— Non, maman, ça ira. »

Mon oncle Giovanni, celui qui habite dans la maison voisine, vient nous saluer. Il veut nous souhaiter de bonnes vacances et nous donner un peu d'argent de poche pour le séjour.

« Alors, vous partez où exactement ? »

Cette question me glace, mais je réponds en ravalant mes larmes.

« C'est une croisière en Méditerranée, tonton ! On passera par la Grèce, la Turquie et la Croatie.

— Mais où prenez-vous le bateau ?

— Nous embarquons en Italie ! On prend un train à Paris pour rejoindre Venise. C'est là que le bateau nous attend.

— C'est bien ! Il faut bien en profiter, les enfants ! »

Il est déjà quinze heures. Mon téléphone portable annonce un texto. C'est le signal de départ, Oussama nous attend. Mes parents m'aident à sortir la valise de la maison. Sur le pas de la porte, au moment de leur dire adieu, je suis à nouveau envahie de doutes, une petite voix me dit de ne pas partir. Comme un automate, j'avance tout de même vers la sortie.

« Au revoir ! Amusez-vous bien ! On se revoit bientôt, les chéris !

— Je vous aime. Je vous appelle quand on est sur le bateau. »

Je serre très fort mes parents dans mes bras et je pars sans me retourner pour vite oublier cet instant. Une immense tristesse m'envahit au moment de tourner dans la ruelle qui mène au lieu de rendez-vous avec Oussama. Personne à l'horizon. Je m'arrête pour enfiler une *abaya*[1] et me voiler. Ensuite, je m'assieds sur un muret. Nassim, interloqué, me regarde.

« On y va ou pas, chéri ?

— Ben oui maman, on y va ! J'ai envie d'aller sur le bateau ! »

Nous nous remettons en route. Oussama vient à notre rencontre pour aider à porter la valise. Il est venu avec son ami Anas et une Mercedes qu'il vient d'acheter à crédit. Les deux hommes ont un plan dont j'ignore tout à ce moment-là. Il est prévu qu'Anas nous conduise à Paris, qu'il revende ensuite la

1. Longue robe portée au-dessus des autres vêtements.

voiture trente mille euros et partage l'argent avec Oussama. Le crédit ne sera évidemment jamais remboursé.

Je monte à l'arrière du véhicule avec Nassim sans dire un mot. Je n'ai pas le droit de parler en présence d'un autre homme que mon mari. Un étranger ne peut pas entendre le son de ma voix. Dans la voiture, je suis prise de nausées. La boule au ventre, je pense à mes parents. Le chauffage fonctionne au maximum, je suffoque. Pour informer Oussama de mon malaise et lui demander de baisser le chauffage, je suis obligée de communiquer par texto. Anas roule à vive allure, nous effectuons le voyage jusqu'à Paris d'une seule traite. Les nausées ne me quitteront pas une minute.

Arrivée à Paris gare de Lyon, je me précipite hors de la voiture pour respirer de l'air frais. Oussama s'empare des bagages et nous nous hâtons vers le quai. Premier obstacle à notre périple, notre wagon a été supprimé ! La compagnie nous propose de voyager en bus jusqu'à Venise. C'est hors de question pour moi ! Comment vais-je tenir Nassim pendant quinze heures dans un autocar ? Il a besoin de dormir. Oussama discute et obtient finalement que nous montions tous les trois dans le train. Nous ne serons pas dans le même wagon, mais le principal est d'avoir une couchette, le voyage va durer toute la nuit. Pendant ce long trajet, je n'ai pas l'occasion de parler avec Oussama ; son compartiment est à l'autre bout du convoi et il n'y a pratiquement pas de réseau mobile. Le voyage est un enfer, Nassim n'arrête pas de pleurer, il ne comprend pas pourquoi Oussama n'est pas avec nous. Il a faim. Heureusement, ma mère nous a préparé à manger. Je m'occupe du petit et, le reste du temps, je le passe dans les toilettes à vomir. Je n'ai pas le temps de penser à ce qui m'attend.

Venise, le 15 juin 2014

Vers dix heures, c'est l'arrivée en gare de Venise. Je retrouve Oussama. Il est très stressé, mais moi, je commence enfin à me sentir mieux. En moins de dix minutes, une navette nous amène au bateau. Il est magnifique, énorme, super classe ! D'un blanc étincelant, éclairé par le soleil, avec ses dix-sept ponts et le personnel en uniforme prêt à nous accueillir, ce paquebot est impressionnant. Nassim est surexcité. Oussama, toujours aussi nerveux, est insensible au spectacle. Nous devons présenter nos cartes d'identité avant de monter à bord. Il redoute d'être déjà repéré. L'hôtesse nous sourit et nous remet nos clés. Tout va bien. Oussama respire. La cabine est luxueuse. Il y a des petits fauteuils avec une jolie table, une grande baie vitrée avec vue sur la mer ; nous disposons même d'une terrasse. La salle de douche est agréable et le petit lit de Nassim semble douillet. Tout est réuni pour que nous passions un agréable moment. J'oublie la Syrie, je me sens en vacances.

« C'est trop beau ! On va être super bien !

— On ne s'emballe pas, ce ne sont pas des vacances. Prends le petit, on va aller manger, j'ai faim. »

Oussama ne se détend pas. Les « vacances » seront de toute façon de bien courte durée. Si tout se passe comme prévu, dans quelques jours, nous foulerons le sol de la Syrie.

Après un repas délicieux, pris à l'opulent buffet, nous visitons tout le bateau. Quel luxe ! Des saunas, des terrains de sport, des restaurants, un casino, une salle de spectacle, quatre piscines, des transats, des animations pour les enfants. Avec Nassim, on repère les activités à disposition. Le petit veut bien sûr aller tout de suite à la piscine. Oussama est taiseux, il préfère rester dans la chambre mais nous laisse partir sous certaines conditions.

« OK pour la piscine, mais toi, tu ne te baignes pas, je ne veux pas que tu te balades en maillot devant tout le monde. »

Je meurs d'envie de plonger, mais je m'abstiens pour ne pas envenimer l'ambiance déjà suffisamment tendue. Nassim est déçu, il voudrait que je nage avec lui. Je prétexte avoir oublié mon maillot de bain. Le temps passe vite, le petit s'amuse tellement. Nous restons longtemps à la piscine avant d'aller nous divertir dans une des salles de jeux. La sonnerie de mon téléphone me ramène à la réalité. C'est Oussama.

« T'es où ? Ça fait des heures que vous êtes partis !

— On profite du bateau, le petit s'amuse bien !

— Si ça ne tenait qu'à moi, vous resteriez dans la chambre. »

Nous rejoignons la cabine et c'est la dispute. Je dis à Oussama que je n'aime ni sa façon de parler à Nassim, ni son comportement depuis qu'on est montés sur le bateau.

« Profitons des quelques jours de détente de ce voyage, pourquoi tu ne viens pas avec nous ?

— Je suis stressé, c'est moi qui organise tout, si je fais une erreur, c'est la prison ! Je n'ai vraiment pas la tête à ça. Je dois tout mettre en place pour que ça se passe bien et rester vigilant ! Vous devriez aussi rester dans la chambre. Un enfant, ça doit apprendre à rester tranquille ! Tu le laisses faire tout ce qu'il veut !

— Tu peux le reprendre quand il fait une bêtise mais le mettre en cage, ce n'est pas possible. Nassim est un petit garçon qui a besoin de s'amuser ! »

Après cet échange un peu vif, Oussama décide de ne pas prendre le repas du soir avec nous. Je descends avec Nassim dans une des magnifiques salles de restaurant. Les convives sont tous habillés avec classe. Je me sens un peu mal à l'aise avec mon jeans et mes baskets. Je n'ai évidemment pas de vêtements appropriés. Mes bagages sont composés de tout l'équipement adéquat pour vivre dans un état islamique, mais pas pour parader dans un restaurant. Je n'ai même pas de maquillage.

Dans la soirée, ma mère appelle. Je lui explique que ça ne se passe pas très bien avec Oussama, que je reste seule avec Nassim.

« C'est pas grave, Laura. Toi est le petit, vous profitez des vacances, et si ça ne va pas avec lui, tu règleras ça à ton retour.

— T'as raison, je vais essayer d'en profiter quand même.

— Vous me manquez déjà ! J'attends votre retour avec impatience !

— Huit jours, ça passe vite, ne t'inquiète pas. »

La pauvre, elle ne connait évidemment qu'une partie de la vérité. J'ai tellement l'habitude de me confier à elle, je n'aurais pas dû lui parler de mes problèmes à ce moment-là. Ce coup de fil me fait mal, mais ma détermination reste intacte malgré les petits soucis avec Oussama.

Le lendemain, le bateau fait escale à Bari, dans les Pouilles. Chaque excursion est payante. Nous ne descendons pas, il faut garder l'argent pour la Syrie. Je supplie Oussama de faire une exception pour l'arrêt à Athènes prévu deux jours plus tard. J'ai toujours rêvé de visiter la Grèce. Au programme, visite de la ville, shopping, repas et animation. J'insiste tellement qu'il accepte. Nassim est enchanté. Cette fois, Oussama est de la partie. En réalité, il ne veut pas me laisser seule à l'extérieur. En ville, je m'achète de jolies tongs avec un petit talon et des brillants. Tout se passe bien, Oussama consent même à ce que j'offre un petit jouet à Nassim. Nous passons une bonne journée. En fin d'après-midi, les passagers ont rendez-vous dans un bar pour un buffet et une animation musicale. Nous nous installons, la musique est agréable, Nassim adore. Oussama commence à se sentir mal à l'aise. Il ne supporte pas de rester en présence de gens qui boivent de l'alcool. Il décide de nous attendre dehors. Au bout d'un quart d'heure, il m'envoie un texto.

« Que faites-vous si longtemps ?

— On profite de l'animation !

— Je n'aime pas que tu sois dans cet endroit. »

Je me sens obligée de sortir de l'établissement. Nassim ne comprend pas pourquoi il faut arrêter de s'amuser. En fait, je découvre seulement qui est vraiment Oussama. C'est la première fois qu'on passe autant de temps ensemble. Pendant ces quelques jours sur le bateau, nous ne parlons jamais de la Syrie. Quand je reviens dans la chambre pour dormir, il s'en va. Son comportement ne me plait pas, mais je le mets sur le compte du stress. Il sera certainement plus agréable quand nous serons arrivés à destination. Demain, c'est déjà la halte à Izmir. Nous ne remonterons pas sur le bateau. De toute façon, c'est plus fort que moi, je dois le suivre. Je m'endors en ne pensant à rien.

Le matin du 19 juin, le bateau approche de la côte turque. Il fait un temps magnifique. Nous préparons un sac à dos pour sortir du bateau. Impossible d'emporter ma valise comme je l'avais prévu. Ce ne serait pas très discret. Dans le sac, j'ai pu glisser toutes les affaires de Nassim, mais j'ai pratiquement dû renoncer à tous mes vêtements. Aux pieds, je porte les tongs achetées en Grèce. Pour passer la frontière, j'ai prévu une paire de baskets. Au moment de quitter le bateau, personne ne nous pose de questions à propos de notre énorme bagage. Le personnel nous salue en souriant.

« Bonne journée, à tout à l'heure, quatorze heures trente précises. »

La journée est libre, les touristes prennent les taxis qui attendent à proximité du bateau. Nous montons dans le premier que nous rencontrons. Un vieux taxi jaune conduit par un chauffeur moustachu et pas très avenant. Oussama négocie.

« Nous voulons aller à Adana.

— Mais c'est à neuf-cents kilomètres, vous ne serez jamais rentrés à temps pour le bateau !

— On ne compte pas remonter. »

Le taximan se méfie et propose de nous déposer dans un centre commercial. Le temps de faire le plein et de vérifier l'état de sa voiture, il promet de venir nous rechercher deux heures plus tard. Oussama le soupçonne de vouloir nous dénoncer. Le stress monte, nous n'avions pas envisagé un tel problème. Nous décidons de chercher un autre taxi pour rejoindre Adana. Il est déjà presque dix heures trente quand nous en trouvons enfin un qui consent à nous emmener. Le chauffeur ne nous pose aucune question. Nous montons dans le véhicule, spacieux et confortable. Cette fois, on est vraiment parti, je suis soulagée. Nous empruntons la D300, une belle route qui traverse tout le pays d'ouest en est, le trajet s'annonce agréable. Je profite du paysage : les palmiers, la montagne, jusqu'à ce que nos téléphones commencent à sonner. C'est le personnel du bateau qui nous cherche !

« Où êtes-vous ? Vous êtes en retard !

— On s'est perdus, mais pas de problème, on arrive. »

Nassim ne comprend pas ce qui se passe. Je lui explique qu'on va dans un pays musulman. Il est inquiet, je ne sais pas comment le rassurer avec ce téléphone qui n'arrête pas de sonner. Le bateau continue à nous appeler. C'est un peu bête, mais nous n'avions pas imaginé qu'ils nous chercheraient comme ça. La tension monte dans la voiture. On ne décroche plus.

Vingt-et-une heures, Adana, enfin. La ville est impressionnante, une des plus importantes de Turquie. Nous longeons le fleuve Seyhan. J'aperçois le fameux pont de pierre romain avec ses nombreuses arches, un des symboles de la ville, mais nous ne sommes pas là pour faire du tourisme. Demain matin, nous rejoindrons Gaziantep, située à deux-cent-vingt kilomètres d'Adana, dernière étape avant le passage en Syrie. Oussama propose de manger un bout ; la spécialité du coin, c'est le kebab. Adana est réputée pour ce mets dont je raffolais déjà en Belgique. Nous goutons un « Adana kebab » dans un snack, une délicieuse grillade de mouton avec du piment. Nous mangeons rapidement avant de rejoindre l'hôtel. Dans la chambre, j'essaie d'endormir le petit quand mon téléphone sonne à nouveau. C'est ma mère. Je décroche. L'agence de voyages a prévenu la police.

« Laura, où es-tu ? Des policiers sont à la maison, ils me disent que vous n'êtes pas remontés sur le bateau !

— Si maman, je suis sur le bateau. On est arrivés en retard et nous n'avons pas scanné notre badge pour signaler notre présence. Je t'assure que nous sommes bien tous les trois sur le bateau. »

J'entends ma mère dire aux policiers qu'elle me croit, que sa fille ne ferait pas une chose pareille. Mais ils demandent à parler à un membre du personnel du bateau. Je file à la réception de l'hôtel. Je demande à la réceptionniste de prendre le téléphone et de dire : « Costa croisières, welcome ». Mais la dame parle à peine l'anglais et se contente de répondre « yes » aux questions du policier.

« Vous ne pouvez pas trouver quelqu'un qui parle français ?

— Il est tard, le petit est fatigué, je ne vais pas commencer à me balader sur le bateau pour trouver quelqu'un, désolée. De toute façon où voulez-vous que j'aille ? »

Les policiers abandonnent, mais j'entends bien qu'ils ne sont pas dupes. À plusieurs reprises, ma mère essaie de me rappeler. Je ne réponds plus. Oussama est énervé, il a peur que nous soyons repérés, il veut changer d'hôtel. En sortant, nous apercevons des policiers turcs. Ils semblent se diriger vers l'hôtel que nous venons de fuir ; nous avons bien fait de partir. Cinq-cents mètres plus loin, nous trouvons refuge dans une auberge de seconde zone. Oussama nous enregistre sous de faux noms. La chambre est sale et dépourvue de salle de bain. Nassim s'endort instantanément. Oussama me demande de n'ouvrir à personne et s'en va sans donner d'explication. Trois quarts d'heure plus tard, il est de retour.

« On s'en va. Prends le petit. Un taxi nous attend.

— Mais Nassim dort profondément !

— Tant pis. C'est trop risqué de rester ici. On va à la gare des bus et on part le plus vite possible pour Gaziantep. »

Il est vingt-trois heures, nous devons attendre minuit trente pour le prochain départ. Nassim, qui s'était réveillé dans le taxi, se rendort sur un banc malgré un éclairage aveuglant. Cette lumière artificielle sur les piliers roses qui soutiennent le toit de la gare, la file de taxis jaunes le long du bâtiment et les quelques voyageurs attendant le départ me donnent l'impression d'évoluer dans un décor de mauvais film. À quatre heures du matin, nous arrivons à Gaziantep. Le petit pleure, il a froid. Je lui enfile un manteau. Oussama nous demande d'attendre dans un recoin, entre deux bâtiments. L'endroit est sinistre et pratiquement désert. Je suis morte de peur.

« Tu ne vas quand même pas nous laisser ici !

— Je ne pars pas longtemps, il faut que je nous trouve un endroit pour dormir. »

Oussama n'est parti qu'un petit quart d'heure. Une éternité pendant laquelle des hommes bizarres m'ont dévisagée, se demandant probablement ce qu'une femme fait en pleine nuit dans la rue avec un petit garçon de 4 ans.

L'hôtel où nous allons enfin pouvoir nous reposer est encore plus minable que le précédent. Les murs sont couverts de taches noires, il règne une odeur d'humidité qui nous prend à la gorge dès que nous franchissons le pas de la porte. Notre chambre est juste à côté des toilettes, d'où s'échappent des effluves pestilentiels. Je tente de me rafraichir avec Nassim sous le maigre filet d'eau des douches collectives. Oussama monte la garde pour que personne ne nous voie. Dans la chambre, la moquette a une couleur improbable, les couvertures sont miteuses, mais je dors comme une souche jusqu'au lendemain, dix heures.

Gaziantep, le 20 juin 2014

Nous prenons un petit déjeuner à l'extérieur. Mon téléphone portable est coupé depuis la veille, ma mère doit être morte d'inquiétude. Peu importe, je ne me pose aucune question, mon cerveau fonctionne en mode automatique. Je poursuis l'objectif fixé, un point c'est tout. Le pain, le café nous reconstituent. Oussama appelle le passeur. Il doit nous conduire de l'autre côté de la frontière. L'homme nous demande d'attendre. Ce sera pour aujourd'hui, demain ou dans quelques jours. Nous devons être patients mais je sais que le but sera bientôt atteint.

Pour brouiller les pistes, nous décidons de quitter l'hôtel pour nous installer dans un petit appartement en attendant le signal. J'espère que le lit sera plus confortable que celui de la nuit dernière. Pour le confort, ce sera sans eau chaude et sans cuisinière, mais nous disposons de deux chambres.

Le lendemain, je demande à Oussama si je peux déjà porter mon niqab pour sortir faire quelques courses. Il me dit que c'est trop tôt. Je rêve du moment où je pourrai le porter. En Belgique, ce n'est arrivé qu'une seule fois, le jour de mon mariage.

L'attente imposée par le passeur est pénible. Nous sommes sur le qui-vive, avec la crainte d'être arrêtés. Pour me calmer, je décide de prendre une douche. Je n'ai pas encore commencé de sécher mes longs cheveux quand Oussama m'appelle d'une voix tremblante.

« Laura, dépêche-toi ! C'est maintenant ! Ils sont là ! »

Il vient de recevoir un appel. Un véhicule nous attend devant l'immeuble. J'ai à peine le temps d'embarquer les sacs et la nourriture. Je passe mon jilbab sur mes cheveux mouillés. Je pense à ma mère qui doit s'inquiéter. Oussama me promet que je pourrai l'appeler depuis la Syrie. J'avance sans rien dire, j'exécute le plan. Dehors, une vieille camionnette blanche est stationnée. Deux types habillés à l'occidentale nous somment de monter à bord. À l'intérieur, un autre couple. La femme me demande de mettre mon niqab tout en ordonnant à son mari de ne pas me regarder. Nassim me fixe, l'air inquiet.

« On part dans un pays musulman, comme Allah nous le demande, mon chéri. Ne t'inquiète pas, tout se passera bien. »

Oussama se détend enfin. Nos bagages sont jetés dans le coffre à la hâte. La camionnette démarre.

Convertie

Jumet, février 2000

Ce soir, la mère de Leïla prépare un tajine. Chez moi, ce sera forcément un plat italien. Mon père est originaire de Milan, ma mère des Abruzzes. Au menu du jour, les fameux mille-feuilles préparés en suivant une recette de ma grand-mère. Un vrai délice mais le tajine, j'adore ! C'est décidé, je vais manger chez Leïla. Mes parents sont prévenus. Ils me laissent faire, j'ai presque 15 ans, maintenant. De toute façon, depuis que ma grande sœur Maria souffre de troubles alimentaires, ils n'ont plus trop le temps de me surveiller.

Leïla, c'est ma voisine. Elle habite juste en face de chez moi. Ses grands-parents viennent du Maroc, ils sont arrivés en Belgique il y a près de quarante ans pour travailler. Mes grands-parents aussi ont quitté leur pays pour trimer dans les mines de la région de Charleroi. Ce destin commun a rapproché nos familles, nos mamans s'entendent bien. Leïla et moi, nous jouons ensemble depuis l'âge de 5 ans, nous sommes inséparables. On se retrouve après seize heures tous les jours car nous ne fréquentons pas la même école. C'est toujours une fête. Souvent, on dort l'une chez l'autre. Nous prenons notre bain ensemble et sa maman nous lave les cheveux. Leïla est une véritable sœur pour moi et son petit frère est adorable. Elle a deux ans de plus que moi. Je la trouve belle avec ses longs cheveux foncés, son teint mat et ses yeux noirs. Elle est mystérieuse, intrigante, je l'admire. On se raconte tout, elle est mon double, on passe des heures dans sa chambre à rigoler et à discuter. Mais ce qui me fascine surtout chez Leïla, c'est sa religion. Quand elle fait le ramadan, j'aime l'écouter m'expliquer comment et pourquoi il faut respecter le jeûne pendant cette période.

« Laura, fais-le avec moi ! Ça va m'aider et on pourra rompre le jeûne ensemble.

— D'accord, tu m'expliques tout !

— La période du ramadan, c'est très important pour se rapprocher de Dieu. Tiens, je te prête un Coran, lis-le. »

Au début, c'était comme un jeu pour moi ; j'ai commencé à respecter le jeûne par amitié, pour soutenir mon amie. Ensuite, j'ai compris la signification du ramadan et en lisant le Coran, j'ai eu envie d'en savoir plus. Sur internet, je trouve toutes sortes d'informations, je les imprime et les consigne dans un classeur. Chaque jour, je parfais mes connaissances, je veux apprendre, savoir ce que sont l'islam, la prière, les cinq piliers, connaitre les principes à respecter pour devenir une bonne musulmane. Je suis fière de raconter à Leïla ce que j'ai appris la veille. Au quotidien, elle ne pratique pas plus que ça. Moi non plus. En réalité, ce que j'aime, c'est l'image de cette famille marocaine, leur culture m'attire et suscite ma curiosité. Cette famille, je l'aime comme la mienne.

Malheureusement, mes connaissances religieuses et ma foi naissantes ne m'aident pas à suivre le droit chemin. C'est un peu paradoxal de faire des bêtises tout en étudiant des principes qui devraient me rendre meilleure. Ma vie est divisée en deux : les conneries pendant la journée et la religion uniquement après les cours. À l'école, je ne suis pas très assidue, mes études de secrétariat ne m'intéressent plus. Ma mère m'oblige à persévérer, mais je préfère m'amuser. Je brosse les cours pour trainer avec les copines. Parfois, on se cache dans les toilettes pour picoler et on arrive au cours éméchées ! Mes parents ne se rendent pas compte de mon comportement à l'école, ils sont trop occupés avec les problèmes de santé de ma sœur et ils travaillent beaucoup. Ma mère est technicienne de surface dans le secteur public, mon père, ouvrier dans une entreprise qui fabrique du silicone. Ils ne prennent jamais connaissance des avertissements et remarques des professeurs puisque j'imite très bien leur signature. J'abuse un peu de leur confiance, ça me donne de la liberté.

Avec Leïla, je suis sage jusqu'au jour de la rencontre avec sa cousine. Une jolie fille extravertie et toujours très bien habillée. Elle a des tas de magnifiques vêtements. Moi, je n'ai pas grand-chose à me mettre, je porte toujours les mêmes habits. Pour remplir sa garde-robe, la cousine a un petit secret, une technique simple, gratuite et efficace. Elle vole. Avec Leïla, on a envie d'essayer. Sa cousine nous apprend les bases, nous testons nos compétences sur le terrain. Le plus facile, c'est dans les grandes enseignes. Le truc, c'est de repérer les pièces sans antivol et de les enfiler dans les cabines d'essayage. On répète le *modus operandi* des dizaines de fois avant de se faire pincer dans un hypermarché avec une paire de baskets. Heureusement, ma sœur nous sauve la mise. À mon appel, elle accourt au magasin pour rembourser les chaussures. Les gardes nous relâchent, on a de la chance. Dans la voiture, Maria nous engueule copieusement, puis on rit toutes les trois. Elle est cool, ma sœur, elle a promis de ne rien dire aux parents. Cette année-là, je fais les quatre-cents coups et malgré tout, je réussis mon année scolaire.

L'année de mes 16 ans, je commence à m'intéresser aux garçons. De temps en temps, avec Leïla, on fait le mur pour aller à une soirée de village et draguer. En juillet, je pars en vacances avec sa famille au Maroc, à Agadir. C'est la première fois que je voyage si loin et que je prends l'avion. Deux semaines de plage, de piscine et de drague. On s'amuse beaucoup, la grand-mère de Leïla me propose même d'épouser un cousin ! Je le trouve beau. Je me serais bien mariée avec lui, mais je rentre gentiment à Jumet en me promettant qu'un jour, je convolerai avec un musulman. En attendant, je décide de rester pure. Se préserver pour son mari est prescrit en islam. Leïla, évidemment, est sur la même longueur d'onde.

La religion prend de plus en plus de place dans ma vie. Je respecte déjà quelques pratiques et je commence à connaitre les grands principes. Quand j'ai 17 ans, après le retour de vacances, je décide de me convertir. J'ai cherché sur internet un « mode d'emploi ». En fait, c'est très simple, il suffit de réciter la *shahâda*, la profession de foi, c'est le premier des cinq piliers de l'islam. Un mercredi après-midi, je recopie la formule et je m'installe dans le bureau, situé à l'étage, chez mes parents.

« J'atteste qu'il n'y a pas de divinité en dehors de Dieu et que Mohammed est l'envoyé de Dieu. »

Voilà, je suis convertie. Quelle joie d'être, enfin, une vraie musulmane. Ce bonheur, je cours le partager avec Leïla. Elle est contente, ses parents aussi, j'ai l'impression d'appartenir un peu à leur famille maintenant. À la maison, j'informe ma mère de ma conversion. Je suis obligée de lui en parler parce que je compte changer mes habitudes alimentaires. Plus de porc et du *halal*[1] à tous les repas.

« Pourquoi, Laura ? Tu as toujours aimé ma façon de préparer à manger !

---

1. Licite, permis, ce qui est autorisé par la loi islamique.

— Ce n'est pas le problème, maman. J'ai la foi. Je me sens bien dans cette religion. Ça ne change rien entre nous, c'est juste une petite adaptation pour la nourriture.

— Bon, si ça te rend heureuse, pour moi, il n'y a pas de problème. J'en tiendrai compte. Mais il faudra que tu en parles à ton père aussi. »

Je ne lui dis rien ; de toute façon, il se rend vite compte du changement dans la cuisine. Ma mère lui explique tout. Il tombe des nues mais ne me fait aucun commentaire, se disant sans doute qu'il s'agit d'une lubie d'adolescente.

À la rentrée, je tombe amoureuse d'Ali. C'est mon premier amour. Il est beau, gentil et il me respecte. Nous sommes tous les deux d'accord pour ne pas coucher ensemble avant le mariage. Une belle relation pendant quelques mois, et puis je découvre un autre Ali. L'amoureux tendre et honnête dévoile son autre face. Celle d'un homme infidèle. Il me trompe avec plusieurs autres filles de l'école et ne se gêne pas pour draguer mes amies. Déçue et blessée, je mets fin à plusieurs mois d'une relation que j'avais cru sans faille. Mon premier amour n'était pas un modèle de prince charmant.

Heureusement, le prince charmant, je le rencontre peu de temps après. J'ai 19 ans quand je commence à fréquenter Mohamed. C'est l'ami d'un ami. Il a flashé sur moi et me propose un rendez-vous. J'accepte. Leïla passe à la maison pendant que je me prépare.

« Laura, elle est toujours belle quand elle a un rendez-vous !

— Arrête Leïla, t'exagères ! »

Notre complicité m'apaise, on rigole et ma mère s'amuse de nous voir heureuses. Je suis ravie. Mohamed m'attend à « la Cour des

Miracles », une brasserie très connue à Charleroi. L'endroit est très prisé pour les rendez-vous galants. À l'intérieur, la lumière est tamisée. L'endroit est cosy, il y a des divans partout et des petites tables, je trouve ça très romantique. Mohamed me plait tout de suite. Sa façon de parler, son rire, son regard, tout est là pour que le charme opère. Il achète une rose à un marchand ambulant et me l'offre. Je fonds. C'est le prince que j'attends, enfin ! Nous parlons de tout, de rien, le temps s'écoule trop vite. Je dois rentrer, déjà. Il me raccompagne. Avant de me quitter, Mohamed m'embrasse et prononce une phrase à laquelle je vais longtemps m'accrocher.

« Tu es à moi maintenant.

— D'accord, toi aussi, tu es à moi. »

On ne va plus se quitter. Parfois, je brosse les cours pour le voir. Ce que je ressens pour lui est très fort, notre complicité saute aux yeux, tout le monde nous dit qu'on va se marier. Mohamed est très gentil et très protecteur, il est là dès que j'ai un problème, je suis sa princesse. Il a toutes les qualités que je cherche chez un homme. Nous parlons mariage, bébés, maison, mon rêve se réalise.

Je termine ma scolarité obligatoire sur un petit nuage. Mohamed est l'homme de ma vie, je suis prête à me donner à lui. Nous faisons l'amour pour la première fois dans un hôtel. C'est un conte de fées. Seule ombre au tableau, la réaction de mon père. Il n'est pas très content de cette relation. Il boude un peu, l'homme idéal pour sa fille est forcément italien ! Malgré tout, il tolère Mohamed et respecte mon souhait de ne plus manger de porc et d'acheter la viande à la boucherie *halal*. Mohamed n'est pas très pratiquant mais il applique quelques principes comme suivre le ramadan. Il n'ose pas encore me présenter à ses parents. C'est trop tôt et il redoute leur réaction. Vont-ils accepter une belle-fille d'origine italienne ? J'ai beau être convertie, ça ne suffit pas pour appartenir pleinement à leur communauté, d'après Mohamed. Alors, souvent, on se retrouve à l'hôtel pour ne déranger personne.

Après l'été, je m'inscris dans une haute école à Marcinelle. Je veux devenir assistante sociale comme ma sœur. Elle travaille dans un CPAS[1] de la région de Charleroi, elle a réussi ses études haut la main. Ce métier m'attire. Aider les autres, s'occuper des jeunes, apporter du soutien aux plus faibles, ça me motive.

Mohamed, lui, travaille parfois comme intérimaire. Il cherche un vrai boulot mais, souvent, il s'ennuie. Pour tuer le temps, il vient me chercher à l'école à la fin des cours. Quand il me voit parler avec des hommes, il est très jaloux. Me savoir assise avec d'autres garçons dans la classe, les activités scolaires mixtes, les travaux de groupe, tout ça le rend fou. Souvent, c'est la dispute. Insultes, cris, gifles, pleurs, câlins. Toujours le même rituel. Il m'aime trop, sans doute. C'est ce qu'il dit.

« Laura, c'est tellement je t'aime, je t'aime de rage, ça me rend malade. »

Il me veut rien que pour lui. Pour éviter les problèmes, je limite mes contacts avec les garçons de l'école, j'évite de voir mes amies le soir. En fait, je me coupe des autres, mais je l'aime tellement. De plus en plus souvent, je préfère rester avec lui la journée plutôt que d'aller à l'école. Comme ça, il reste calme. Sa jalousie ne me dérange pas, elle me flatte. À la fin de l'année scolaire, sans surprise, je suis en échec.

1. Centre public d'action sociale.

À la rentrée suivante, j'insiste pour me réinscrire. Je veux absolument devenir assistante sociale. Mohamed accepte en promettant qu'il me fera confiance. Mais la jalousie revient et je finis par abandonner l'école. De toute façon, mon plus grand rêve c'est de fonder une famille avec un mari aimant. Mohamed m'a dit que si je n'avais pas envie de travailler, je pourrais rester à la maison pour m'occuper des enfants. J'annonce à mes parents ma décision d'arrêter les études. Ils ne sont pas ravis mais ne disent rien car je promets de trouver du boulot. Je travaille un peu comme intérimaire à des postes de caissière, tout en rêvant de devenir une femme au foyer. La plupart du temps, je suis au chômage. Depuis que j'ai arrêté mes études, ça va beaucoup mieux avec Mohamed. Il est moins jaloux. On habite toujours chacun chez nos parents en attendant d'avoir des boulots stables. J'ai envie d'avancer dans cette relation, m'installer avec lui, rencontrer ses parents, mais il détourne toujours la conversation quand je lui demande d'être présentée à sa famille.

Finalement, c'est au moment où je ne m'y attends plus qu'il décide de provoquer la rencontre. Ce jour-là, ses parents rentrent du Maroc où ils passaient leurs vacances. J'aide ses tantes à préparer un repas pour leur retour. Mohamed a proposé de faire des frites. Ses parents n'en ont plus mangé depuis longtemps et adorent ce plat national ! Ce sera donc hamburger, frites, salade ! Tout se passe très bien. Je parle beaucoup avec la maman de Mohamed, elle est très gentille avec moi, me demande ce que je fais dans la vie, si je suis musulmane pratiquante. Le courant passe. Je suis super heureuse, maintenant que je connais toute la famille, nos projets vont enfin pouvoir se concrétiser.

Je déchante vite. La mère de Mohamed veut d'abord marier ses filles. Mes projets d'avenir tombent à l'eau. Le sujet devient cause de dispute et la relation se dégrade. Mohamed prétexte qu'il n'a pas les moyens de vivre avec moi. Il nous faut absolument un revenu régulier. Déterminée à construire une famille, je lui cherche un boulot et je dégote un contrat à durée indéterminée chez Caterpillar à Gosselies, une place en or chez un gros constructeur d'engins motorisés. Mohamed est super content, c'est un bosseur. Il est mécanicien et, dans cette entreprise, il va monter des moteurs de bulldozer. L'espoir renait !

Un matin, il m'annonce son projet d'acheter une maison. Je suis super contente. Il s'occupe de tout, je lui fais confiance. Après la signature de l'acte d'achat, il m'invite enfin à visiter le nid.

« C'est super ! Quand pourrons-nous y vivre ?

— On ne va pas y habiter, je l'ai achetée pour y faire des appartements et les louer !

— Quoi ? Mais je croyais que tu faisais tout ça pour nous, pour qu'on soit bien !

— Mais grâce aux loyers, je mettrai de l'argent de côté pour notre mariage. Et puis, mes parents ont une autre maison où nous pourrons habiter. »

Quelle déception ! La désillusion atteint son apogée quand Mohamed avoue avoir investi toutes ses économies dans une autre maison, achetée avec ses parents au Maroc. Je suis lasse de cette attente. J'ai l'impression qu'il n'a plus cette envie de construire une vie de couple et une famille avec moi.

Jumet, aout 2009

Hasard de la vie ou signe du destin, c'est précisément dans ces moments de doute que je tombe enceinte. J'ai 24 ans, je ne m'y attends pas du tout. Malgré un retard de règles, je ne m'inquiète pas tout de suite. Plusieurs semaines passent avant que je me décide à acheter un test en pharmacie. Positif! Je ne le crois pas, ce n'est pas possible, il doit y avoir une erreur. Retour à la pharmacie pour en acheter un deuxième. Pas de doute, je suis enceinte ! J'appelle Mohamed pour lui annoncer la nouvelle. Sa réaction est sans appel :

« Tu n'en parles à personne, et on le fait partir ! Ma famille n'acceptera jamais un enfant hors mariage ! »

Je suis perdue, j'ai envie de parler avec maman. Elle est dans le salon, allongée sur le divan, en train de lire.

« J'ai quelque chose à te dire, et ça ne va pas te plaire.

— Quoi Laura ?

— Je suis enceinte.

— Comment ça, tu es enceinte ?

— Regarde les tests.

— C'est pas possible ! Qu'est-ce qu'il dit de ça Mohamed ? Et toi, qu'est-ce que tu veux ?

— Il veut que j'avorte.

— Laura, c'est toi qui vas décider et, quel que soit ton choix, on te soutiendra. Mais il faudra aussi que tu en parles à ton père. »

J'appelle d'abord ma sœur. Au moment de lui annoncer la nouvelle, je réalise vraiment ce qui m'arrive. Je fonds en larmes.

« Maria, je veux le garder, je l'aime.

— Fais comme tu veux, on est là pour te soutenir. »

On pleure toutes les deux au téléphone. Un bébé, le soutien et l'amour de ma famille, c'est beaucoup d'émotion. Dommage que Mohamed ne soit pas dans le même état d'esprit. Comme d'habitude, maman prend les choses en main. C'est une guerrière, ma mère ! Toujours prête à défendre ses petits, son clan. Déterminée, elle attend le retour des hommes pour leur parler. Mon père arrive le premier. Il boude. Lui aussi voudrait que j'avorte et, surtout, que je laisse tomber Mohamed. Le futur papa le suit un quart d'heure plus tard. Maman l'attend sur le pas de la porte.

« Qu'est ce qu'on fait maintenant, Mohamed ?

— Je ne sais pas, je dois parler avec Laura. On verra, je ne m'attendais pas à ça ! Je reviendrai vous parler quand j'aurai pris ma décision. »

Mohamed ne revient pas. Il préfère ne plus me voir pour l'instant et communique avec moi uniquement par téléphone, pour me demander d'avorter. Mes parents me proposent de passer quelques jours à la mer du Nord où nous avons une caravane. C'est le mois de juillet, le meilleur moment pour profiter des bienfaits de l'air marin. J'annonce mon départ à Mohamed. Il tente de me retenir en me disant que, finalement, il est d'accord de garder le bébé. Mais maman se méfie et insiste pour que je les accompagne. Heureusement, j'accepte. Notre installation au camping n'est pas encore terminée quand Mohamed me rappelle et change à nouveau son discours.

« Tu vas tout faire foirer, mes parents n'accepteront jamais, tu dois absolument avorter. »

Je ne le sais pas, mais au moment où Mohamed me supplie d'avorter, il a déjà une autre copine. C'est sans doute la vraie raison de sa réticence face à ma grossesse, mais ce jour-là, je reçois ses paroles comme un rejet, comme une trahison. Je crie, je pleure, mes parents ne savent plus quoi dire pour me calmer. Désemparée, maman prend l'initiative d'appeler la mère de Mohamed. La réaction de ma belle-mère me déçoit énormément. Elle tombe des nues, ne veut rien savoir de cet enfant, nous demande de nous démerder et raccroche sans aucun ménagement. Je n'en reviens pas de l'initiative de ma mère. Que va dire Mohamed ? Je sais qu'il est encore au boulot. Je décide de l'appeler avant qu'il ne rentre chez ses parents.

« Allô ? Faut que je te parle.

— Que se passe-t-il ?

— Ma mère a appelé la tienne et lui a parlé du bébé.

— C'est pas ce qui était prévu ! Je vais me faire tuer ! Ta mère n'aurait jamais dû faire ça ! »

Pendant les deux semaines qui suivent cette conversation, je ne reçois plus aucune nouvelle. Il ne m'appelle plus et je n'arrive pas à le joindre. Il a changé de numéro. Le séjour à la mer se poursuit, malgré tout, dans la bonne humeur. Je me sens en sécurité avec mes parents. Je suis très proche de ma mère. Elle me dit de bien profiter du calme et du repos, car l'été prochain, on aura un petit bout dont il faudra s'occuper en permanence !

Au fond de moi, je suis persuadée que Mohamed va revenir. Il ne peut pas me quitter comme ça. Nous sommes trop attachés l'un à l'autre. Un coup de fil me donne raison après quinze jours de silence radio. Petit à petit, on se revoit, on passe à nouveau du temps ensemble. À la fin du mois d'aout, il est trop tard pour avorter. Mohamed s'habitue à l'idée qu'un enfant va arriver. Il semble accepter tout doucement la situation. Nous retrouvons notre complicité et nos projets d'avenir. La seule ombre au tableau, ce sont des messages que j'ai surpris sur son téléphone. Ils viennent d'une collègue de travail. Il me jure qu'il ne s'est rien passé avec cette femme et qu'il veut repartir du bon pied avec moi et le bébé.

La suite de la grossesse se passe bien. Mohamed est très attentionné. Le 3 mars, je perds les eaux. C'est trop tôt ! La date annoncée par le gynéco est le 18 ! J'appelle Mohamed. Cinq minutes plus tard, il est là pour m'accompagner à l'hôpital.

« Je vais être papa ! Je vais tomber, là, c'est pas possible ! »

Le 4 mars, à 3 h 57, vingt-quatre heures après la perte des eaux et après une césarienne décidée dans la précipitation, Nassim montre le bout de son nez. Mohamed est très ému, il pleure, il me dit que j'ai bien fait de ne pas avorter. Chaque fois qu'il vient me voir, il s'occupe du petit, le change. Je suis heureuse de voir qu'il s'attache à son fils. De retour chez mes parents, je me sens bien. Mohamed continue à venir nous voir tous les jours. Il s'implique vraiment, s'arrange pour qu'on ne manque de rien, tout en continuant à refuser la vie commune. Il dit qu'il doit préserver ses parents. Un enfant hors mariage, c'est difficile à accepter pour eux. Ils n'ont toujours pas vu le petit. Nassim a 18 mois quand Mohamed se décide à le présenter à ses parents. Une rencontre qui change la donne. Ils sont immédiatement fous de leur petit-fils. Cette fois, tout va s'arranger. Mohamed me dit de louer une maison et promet de nous y rejoindre bientôt. Je m'empresse de m'installer à quelques kilomètres de chez mes parents, dans un petit logement confortable à Marchienne. Mon rêve va enfin se réaliser. La vie de famille, mon mari à la maison, notre bébé, c'est tout ce que je demande. Mohamed me demande de rester patiente.

J'attends son arrivée dans notre nid avec fébrilité.

Premiers pas en Syrie

Gaziantep, le 21 juin 2014

Oussama est monté à l'avant de la camionnette, avec les deux types. Je suis assise à l'arrière avec Nassim, à côté du couple. Ce sont des Allemands, la femme essaie d'entamer la conversation.

« You *hijra*[1] ?

— Yes, and you ?

— No. Visit sister ! »

Je sais que l'« État islamique en Irak et au Levant » accepte les visites de membres de la famille sous certaines conditions. J'espère que mes parents viendront nous voir quand nous serons bien installés. La conversation avec l'Allemande n'ira pas plus loin, le reste du voyage se déroule presque dans le silence. Seul Oussama parle à l'avant du véhicule avec les deux convoyeurs. Je ne comprends rien, il s'exprime en arabe. Je vois bien qu'il est soulagé, il parle avec entrain.

La camionnette roule à vive allure. Nous sortons rapidement de la ville. Les maisons laissent la place aux collines. Il n'y a plus rien autour de nous, juste ces paysages jaunis par le soleil, coupés en deux par une route toute droite. Ce paysage rocailleux me fiche le cafard. Il fait une chaleur épouvantable. La climatisation ne fonctionne pas, j'étouffe sous mon niqab. Après quelques dizaines de kilomètres, la camionnette s'arrête au milieu de nulle part. Les passeurs sortent nos bagages et nous

1. Émigration d'un pays non musulman vers un pays musulman.

ordonnent de descendre du véhicule. L'un d'entre eux reste avec nous, l'autre repart avec la camionnette. Il faut poursuivre à pied dans la colline en se dépêchant pour ne pas se faire attraper par les autorités turques. Marcher sur le sol caillouteux est pénible, Nassim a du mal à suivre, il se plaint d'avoir mal aux pieds. Nous passons la frontière sans nous en rendre compte.

Après un quart d'heure de marche, le passeur arrête le groupe pour donner un coup de fil. Nous sommes à proximité d'une voie ferrée désaffectée. Quelques minutes plus tard, un véhicule apparait au loin dans un nuage de poussière. On vient nous chercher ! À bord du pick-up, quatre « frères ». Ils klaxonnent. Assis sur le rebord de la fenêtre, ils agitent leurs kalachs en souriant. Nassim rigole comme un fou en les voyant.

« Maman, c'est qui ? Ils sont contents parce qu'on est là ?

— Oui mon chéri, ils viennent nous chercher. »

Ces hommes armés m'impressionnent et, l'espace d'un instant, mes doutes reviennent. Discrètement, je me confie à Oussama.

« Quand je les vois, je n'ai plus trop envie d'y aller.

— Je sais, ça fait peur, mais maintenant c'est trop tard pour faire demi-tour. Ne t'inquiète pas, tout va bien se passer. »

Les quatre types descendent de la voiture et chargent nos bagages. Une camionnette blanche arrive pour nous embarquer. C'est le début d'un étrange « ramassage ». Le convoi marque un nombre impressionnant d'arrêts pour cueillir d'autres « voyageurs ». Je suis étonnée et rassurée de voir que nous ne sommes pas les seuls à rejoindre l'« État islamique en Irak et au Levant ». Il y a de plus en plus de monde, certains montent sur le toit. On est très serrés. Je protège Nassim avec mes bras pour éviter qu'il soit écrasé. J'entends parler toutes les langues. Au fond de la camionnette, j'aperçois une jeune femme avec un bébé. Il me semble l'avoir entendue prononcer quelques mots en français. Nous roulons encore plusieurs heures sans recevoir aucune indication sur la destination. Dehors, c'est une succession sans fin de collines et de désert. De temps en temps, nous croisons quelques habitations qui ont l'air abandonnées. Pas une âme à l'horizon, seulement les hommes de l'« EIIL »[1], en armes, qui surveillent la route. Ils portent cagoules et pantalons miliaires, sont équipés de kalachnikovs et de ceintures explosives. C'est la première fois que je vois des armes aussi impressionnantes et pourtant, je n'ai plus peur, mes doutes se sont volatilisés. C'est de la fierté et de l'admiration que je ressens en les voyant, je suis arrivée là où je désirais vivre. Nassim est subjugué, il ne dit rien.

Oussama m'avait promis qu'on irait dans un appartement, mais nous arrivons devant une énorme villa défraichie. Caché derrière les arbres, ce grand bâtiment en briques, surmonté d'une terrasse et garni d'une majestueuse porte en métal, est à peine visible de la route. Aux alentours, il n'y a rien à part un immense parking rempli de taxis, de camionnettes et beaucoup d'hommes armés. Tous nos bagages sont là, entassés. D'autres véhicules remplis d'étrangers arrivent au même moment. Les passeurs nous font entrer. Les femmes sont priées de se rendre au deuxième étage, les hommes restent au rez-de-chaussée. J'entre dans une grande pièce vide. Le sol est couvert de tapis. Un « frère » nous dit que nous pourrons enlever nos niqabs quand il aura refermé la porte. Il nous invite à nous reposer et à nous désaltérer. Nassim court partout, il a besoin de se dégourdir les jambes. Il joue avec d'autres enfants. Les femmes

1. État islamique en Irak et au Levant.

commencent à parler entre elles, en anglais et en arabe surtout. La jeune femme que j'avais aperçue dans la voiture avec son bébé est là. Je m'approche d'elle.

« Tu sais où on va ?

— On va rester un peu ici et puis nous repartirons. Il faut se reposer et se détendre car la route pourrait encore être longue. »

Ce temps de repos est de courte durée. À peine vingt minutes après notre installation dans ce « salon pour femmes », un « frère » frappe à la porte. On repart sans nos bagages ; ils suivront. Nassim n'est pas là, il a filé au rez-de-chaussée avec les autres enfants. Je le retrouve en train de courir dans le hall d'entrée. L'endroit ressemble à un centre de tri. Tous les étrangers qui ont passé la frontière arrivent ici avant d'être répartis dans différents lieux sur les territoires conquis par l'« État islamique en Irak et au Levant ». Les gens mariés sont priés de se ranger à droite ; à gauche, les célibataires, avec ou sans enfants. Je retrouve Oussama.

« Où va-t-on aller ?

— Ne t'inquiète pas, nous serons séparés pendant un temps, mais je serai dans une maison non loin de la tienne. C'est seulement pour quelques jours.

— Quoi, on nous sépare ? Pourquoi ? Ce n'est pas ce qui était prévu ! »

Je commence à regretter de l'avoir suivi. Que va-t-il nous arriver ? Rien ne se passe comme on me l'avait expliqué. Je n'avais pas imaginé qu'on serait séparés ! Je ne dis rien à Oussama. La peur m'envahit, je pense à mes parents. De toute façon, impossible de faire marche arrière. Je suis le mouvement ; nous embarquons dans un minibus. Nous sommes moins nombreux qu'à l'arrivée, et donc moins serrés.

Sur notre route, tout est désolation. Les maisons, les villages sont détruits. Il n'y a personne dans les rues. On dirait que nous sommes les seuls êtres vivants à des kilomètres à la ronde. Comment est-ce possible ? Mais où sont les gens ? On m'avait pourtant dit, que dans les territoires contrôlés par l'« EIIL », la vie était paisible, que les gens se promenaient dans les marchés. L'angoisse me saisit.

Deir ez-Zor, vingt heures

En soirée, le minibus s'arrête devant deux maisons, les seules encore debout. Aux alentours, ce ne sont que des gravats. À gauche, la maison des femmes, à droite celle des hommes. Elles sont construites avec les mêmes grosses briques que le « centre de tri ». Entre les deux, quelques bancs peints en noir, la couleur de l'« EIIL ». Les bagages de tous les arrivants sont entassés et forment une montagne de sacs multicolores. Oussama lit le désarroi sur mon visage.

« Tout ira bien, sois patiente. Nous sommes dans le sentier d'Allah, c'est le principal.

— On est où ?

— Dans la province de Deir ez-zor, d'après ce que j'ai compris

— Pourquoi on ne reste pas ensemble ?

— Écoute, je vais devoir partir dans un camp d'entrainement pendant un mois. Toi, tu restes dans cette maison pour femmes. On appelle ça une *madafa*.

— Un mois ? Qu'est-ce que je vais faire toute seule ?

— Ça va aller. Je te confie vos passeports et le mien et voici les cartes d'identité, je ne vais garder que mes papiers tunisiens et ma carte d'identité belge. Ne montre ces documents à personne et garde toujours ton sac avec toi. Prends aussi cet argent et utilise-le pour acheter ce que tu veux. Je ne pars que dans quelques jours, on se verra encore. »

Je reste stupéfaite. Le groupe de femmes avance vers la maison. En passant la porte en fer peinte en vert, nous pénétrons dans une petite cour intérieure couverte de mosaïques. Quelques mômes jouent à proximité d'une grande citerne d'eau en plastique. Nassim est content de voir d'autres enfants. À l'autre bout de la cour, un couloir sépare deux chambres où sont répartis les femmes et les enfants. La cuisine se trouve derrière les chambres. Il y avait déjà une vingtaine d'occupants dans cette maison et nous arrivons avec un groupe de trente femmes et une dizaine d'enfants. Une dame nous accueille et nous donne des consignes. C'est la femme du passeur, la patronne de la maison. Elle n'a pas plus d'une vingtaine d'années mais semble diriger la *madafa* d'une main de fer. Heureusement, elle se débrouille en français. Les deux chambres sont remplies de sacs de voyage. Dans celle où la « chef » m'installe, il y a un seul grand lit.

« Je peux dormir sur le lit ?

— Le lit, c'est pour les femmes enceintes. Si tu as de la chance, tu auras peut-être un matelas. »

Je me jette sur le premier matelas que je trouve. Il est hors de question que Nassim dorme par terre ! Je dépose nos affaires dessus pour marquer mon territoire.

« Pour les lessives et la nourriture, c'est chacun pour soi. Vous trouverez des vivres dans la cuisine. Il faudra se débrouiller avec ce qu'il y a. »

Les femmes de la maison m'expliquent que, certains jours, il y a des bombardements. Je n'avais pas imaginé ça. Bien sûr, j'étais au courant du conflit, mais j'imaginais naïvement qu'il se déroulait sur des champs de bataille et pas là où vivent les gens ! Oussama m'avait pourtant dit que tout était bien sécurisé. Ces femmes en savent bien plus que moi. Je n'ai plus qu'une seule envie, faire demi-tour. Dans quelle galère me suis-je embarquée ? Que va-t-on devenir ? C'est comme si je prenais conscience, seulement maintenant, de la réalité. Je ne reverrai peut-être plus jamais mes parents. Faire marche arrière est impossible. Je file me réfugier sur mon petit matelas pour tenter de joindre ma mère. Mon téléphone est resté éteint depuis Gaziantep, elle doit être morte d'inquiétude. Une pluie de messages s'abat sur mon portable. Je tente un appel.

« Allô, maman ? C'est Laura.

— Laura ! Où es-tu ?

— Je suis en Syrie, je ne peux pas trop te parler. Va voir dans ma table de nuit, il y a des lettres pour vous.

— En Syrie ? Que fais-tu en Syrie ? Pourquoi ? Et le petit ? Reviens tout de suite à la maison !

— Maman, c'est trop tard, je ne peux pas faire marche arrière. »

Je raccroche. La patronne est dans mon dos. Elle me jette un regard noir. Je suis la seule à avoir un téléphone portable, j'apprendrai très vite que cela me rend suspecte d'espionnage. Appeler à l'étranger est très mal vu.

« À qui tu téléphones ?

— À mes parents

— Arrête de pleurer. Tu ne dois plus leur parler, ça te fait du mal. Ça va aller, tu vas les oublier. »

La patronne s'éloigne. Heureusement, elle ne se rend pas compte que le téléphone n'arrête plus de sonner. Les messages vocaux de mes parents sont insupportables. J'entends mon père pleurer, il est anéanti. Je n'en peux plus d'entendre cette souffrance. La sonnerie retentit une nouvelle fois. Je décroche. Ma mère est en pleine crise de nerfs.

« Laura, pourquoi tu nous fais ça ? J'ai lu ta lettre ! C'est un coup de couteau dans le dos, tu nous as trahis ! On ne verra plus notre petit-fils ! Pourquoi ?

— Je regrette, je veux revenir, mais ce n'est pas possible. Si je pars, j'ai peur qu'ils s'en prennent au petit. »

L'angoisse a envahi chaque parcelle de mon corps. Pour ne plus entendre la détresse de mes parents, je coupe mon portable. Il faut que je prenne un peu l'air. Nous avons le droit de sortir devant la maison, là où il y a les bancs noirs. Oussama est justement là. Nous nous asseyons, les larmes coulent sur mes joues.

« Je veux partir d'ici, je ne me sens pas bien du tout.

— C'est impossible, tu dois être patiente. Allah te le demande.

— Je n'en peux plus.

— Si j'avais su que tu vivrais ça aussi mal, je ne t'aurais jamais fait venir. »

Le soir tombe. Quand je rejoins les femmes à l'intérieur de la maison, il est l'heure de manger. Nassim a faim. La patronne me dit que je peux prendre ce que je veux dans la cuisine. Sur une grande étagère, des pommes de terre, du riz, des champignons, des conserves de tomates pelées, du pain très plat et assez dur, du miel, de la confiture, des œufs, du thon, de la mayonnaise et du ketchup. Je décide de cuisiner des *patatine* aux œufs. Une recette de ma maman dont Nassim raffole. Je coupe des rondelles de pommes de terre que je fais frire dans une poêle avant d'ajouter les œufs par-dessus ; c'est un genre de tortilla. Nassim se régale. La jeune femme avec son bébé, attirée par l'odeur, vient me demander ce que j'ai cuisiné. On papote. J'oublie pendant quelques minutes la situation hallucinante dans laquelle je me suis mise. Le repas à peine terminé, la patronne ouvre la petite réserve fermée à clé, située juste à côté de la cuisine. Elle prend deux bouteilles d'eau et me les tend.

« Ne les buvez pas trop vite. Il y a une panne de citerne, il faut économiser l'eau. »

Au même moment, elle est appelée à l'autre bout de la maison. La réserve est restée ouverte. À l'intérieur, j'aperçois des tas de packs d'eau ! Pourquoi nous rationne-t-elle alors que la réserve est encore bien approvisionnée ? Je ne réfléchis pas et me saisis de trois bouteilles. Il faut trouver un endroit où les cacher. Dans la chambre, il y a un petit meuble. Je m'adresse aux filles présentes dans la pièce :

« Ça, c'est à moi. It's mine ! »

J'écris dessus le nom qu'on me donne ici : Oum Nassim al-Belgiki, ce qui veut dire « mère de Nassim de Belgique ». Je range toutes mes affaires dans le meuble. M'approprier une chose aussi dérisoire qu'une vieille armoire pourrie me redonne du courage. Je m'accroche à cet objet comme un naufragé à un bout de bois.

Les premiers jours passent très lentement. Dans cette maison, à part la cuisine et le ménage, il n'y a rien pour s'occuper. Je fais connaissance avec Oum Younes. Cette jeune maman a deux petits garçons. L'ainé a 3 ans ; le petit, 18 mois. Ils viennent de Montpellier.

« Mes garçons ne vont pas très bien, ils ont une fièvre terrible.

— Tu n'as pas de médicaments ?

— Non, je n'ai rien, et il n'y a pas de boite à pharmacie ici. »

Ses enfants sont vraiment brulants. Heureusement, j'ai avec moi une petite trousse de secours avec de quoi lutter contre la fièvre. Après avoir administré les médicaments et appliqué des serviettes humides sur le front des enfants, nous nous endormons tranquillement, Nassim sur le matelas, moi, à ses côtés, par terre, sur une vieille couverture. Une première nuit dans un dortoir chaotique où sont rassemblées plus de vingt personnes.

Le lendemain matin, on se lève tôt. Les deux enfants de Oum Younes ne vont pas mieux. Je file prendre ma douche dans ce qui sert de salle de bain : un coin sombre derrière la cuisine avec un robinet et une bassine. Je suis en train de me laver quand j'entends des hurlements en provenance de la chambre. Je me précipite pour voir ce qui se passe. C'est Oum Younes, elle porte son fils dans ses bras, il est tout bleu. L'enfant étouffe, une femme essaie de lui sortir la langue. Je suis paralysée par la scène. Je cherche Nassim des yeux, pas question qu'il assiste à ça ! Quelques secondes me sont nécessaires pour me ressaisir. Je cours vers Oum Younes. Son fils ne respire pas, c'est horrible. La patronne hurle au téléphone, la maman et l'enfant sortent de la maison et s'engouffrent dans une voiture. Je m'occupe du deuxième fils de Oum Younes. Il n'a que 3 ans. Il est terrorisé.

Je suis désemparée, comment aider cet enfant ? Je n'ai pas le temps de me poser trop de questions, la patronne ne me laisse aucun répit.

« Ne t'occupe pas de ça, prépare tes affaires. Tu pars maintenant dans une autre maison. »

J'envoie Nassim prévenir Oussama. Nous nous retrouvons à l'extérieur.

« T'es au courant ? C'est affreux, il y a un enfant qui va mourir !

— Oui, je sais, je les ai vus partir.

— Qu'est-ce qu'il a ? Hier, il avait une forte fièvre, mais quand même…

— Malheureusement, on ne peut plus rien pour lui, il est mort.

— Je veux rentrer chez moi ! Ici, c'est vraiment l'enfer. On est là depuis quelques jours à peine, et il y a déjà un enfant mort ! Ça aurait pu être Nassim ! Tu t'en rends compte ?

— Tu sais que ce n'est pas possible. Tu vas partir pour Raqqa maintenant. Tu y seras mieux, ce sera plus confortable. Moi, je reste encore un peu ici et après, je te rejoindrai à Raqqa. Je ne serai pas loin de toi. Dans un bon mois, nous serons réunis dans une maison rien que pour nous. »

Je quitte la *madafa* de Deir ez-Zor avec une dizaine de femmes, après avoir dit au revoir au fils de Oum Younes. Voir ce petit bout seul et perdu me déchire le cœur. Je ne reverrai jamais sa maman. Une camionnette nous attend ; je n'ai pas le temps d'appeler mes parents pour les prévenir de ce changement. Sur la route, il n'y a pas de réseau ; impossible de les joindre. Les deux types qui nous accompagnent ne nous adressent pas la parole mais nous donnent de l'eau de temps en temps. Le trajet dure deux heures. Il fait très chaud. Heureusement, nous avons l'autorisation d'ouvrir les fenêtres. Nassim s'endort dans mes bras.

À l'approche de la ville, la vie apparait enfin ! Des maisons, des magasins, des villageois. Des hommes portent du pain ou des casseroles sur leur tête. J'aperçois des couples en mobylette. Les femmes sont couvertes de noir. Pas une seule sans burqa[1], je n'avais jamais vu un spectacle pareil, ça me plait. De la voiture, j'ai l'impression d'assister à des scènes de vie paisibles, ça me rassure un peu, même si on est loin des villes modernes de chez nous.

Raqqa, le 28 juin 2014

Durant le trajet, nous traversons deux *checkpoints* de l'« EIIL ». Notre véhicule marque l'arrêt devant le mirador. Trois hommes armés jusqu'aux dents fixent notre véhicule. Le chauffeur exhibe un laissez-passer et nous poursuivons notre route. Vers dix-sept heures, nous arrivons à Raqqa. C'est une grande ville, il y a du monde, des magasins, tout à l'air de fonctionner normalement[2]. Dans les rues, j'aperçois de grands panneaux publicitaires avec les lois islamiques à suivre, rédigées en arabe. Je n'y comprends rien, sauf celle qui montre le code vestimentaire pour les femmes. La photo est suffisamment explicite. Je suis soulagée. Tout ça correspond un peu plus à ce qu'Oussama m'avait raconté de la Syrie. Plus rien à voir avec les paysages dé-

1. Voile intégral d'origine afghane couvrant tout le visage, avec une espèce de grillage au niveau des yeux. Pax extension, ce mot est utilisé ici pour désigner le niqab porté avec un *sitar* : un voile en tissu fin qui permet de voir, tout en couvrant le regard.

2. En juin 2014, la ville est déjà sous le contrôle du groupe terroriste « EIIL », qui veut en faire une ville modèle. Raqqa deviendra la « capitale » du « califat » autoproclamé par Abou Bakr Al Baghdadi le 29 juin 2014.

sertiques et les gravats que j'ai vus jusqu'ici. Le chauffeur nous dépose devant une immense villa. Elle est magnifique. De l'extérieur, elle en impose avec sa jolie grille et ses très hauts murs. La patronne de la *madafa* ouvre la porte. C'est une Marocaine d'environ 35 ans. Elle nous invite à pénétrer dans la cour intérieure. Un grand espace austère, sans verdure ni décoration. La « chef » referme derrière nous à double tour et glisse la clé dans sa poche.

Dans le bâtiment principal, au rez-de-chaussée, près de l'entrée, il y a la pièce réservée à la patronne. Son mari, blessé au combat, vit là, avec elle. La présence de cet homme nous oblige à porter notre burqa dès que nous sortons des pièces réservées aux femmes. Au rez-de-chaussée, une immense pièce, dont le sol est couvert de tapis, sert de chambre et de salon à une partie des femmes de la maison. Sous les carpettes, on distingue de magnifiques mosaïques bleues, dernières traces du faste passé. Les femmes disposent également d'une cuisine mais, pour se laver, elles doivent se rendre chez la patronne. Au premier étage, c'est un peu différent. Les pièces sont plus petites, c'est plus agréable de dormir en petits groupes. En plus, il y a des douches et une cuisine. Évidemment, l'étage est complet, je suis obligée de m'installer au rez-de-chaussée.

Ce soir-là, les anciennes nous font à manger et la patronne nous souhaite la bienvenue. Nous mangeons par terre dans la pièce qui sert aussi de chambre. Toutes les nouvelles doivent donner leur *kounya*[1]. Je ne comprends pas ce qu'on me demande. Une Française vole à mon secours.

« Comment s'appelle ton fils ?

---

1. Surnom composé d'Oum pour les femmes et Abou pour les hommes et un prénom ou qualificatif. Oum et Abou signifient respectivement mère et père mais sont également utilisés pour des personnes sans enfant.

— Nassim

— Donc ta *kounya,* c'est Oum Nassim !

— Ah oui, c'est vrai ! Je ne savais pas qu'on appelait ça une *kounya.* »

Nous faisons connaissance. Latifa a 19 ans, c'est une Française convertie. Elle est super sympa ! Elle attend son mari depuis quatre mois dans cette maison pour femmes. Son homme a terminé l'entrainement mais il n'a toujours pas trouvé de logement.

« Je comprends que tu sois perdue, c'est normal. Fais tout comme moi et tu verras que ça se passera bien ! Tu vas venir dormir à l'étage, il y a plus de francophones. Si tu as besoin ou envie de quelque chose, une fois par semaine, tu peux accompagner la patronne au marché ou lui passer ta commande, mais il faut de l'argent bien sûr ! On trouve de tout ici, il faut pas croire ! Pizzas, Coca, Nutella, de tout ! Sinon, tu devras te contenter de ce qu'il y a à la cuisine. »

J'établis une liste immédiatement. Au début, j'avais de l'argent. Mes premières courses me coutent cent-cinquante euros ! J'ai un peu exagéré, tout est cher, mais je veux que Nassim ne manque de rien. Les filles me conseillent de bien cacher mes vivres, le vol est courant dans la maison. Dans la cuisine, il y a de la nourriture, mais c'est toujours la même chose : de la sauce tomate, du riz, des pommes de terre, des œufs, quelques boites de thon, mais jamais de viande, ou très rarement. À midi, mieux vaut être dans les premières en cuisine si on veut avoir le choix.

Je m'installe à l'étage dans une chambre occupée par trois autres femmes. Latifa me les présente. La première est une Tchétchène. Elle ne restera pas longtemps, contrairement aux autres femmes. Dans quelques jours, elle rejoindra son mari dans une maison qui leur est réservée. Les combattants tchétchènes ont des privilèges car ils sont réputés pour leur bravoure. La deuxième est anglaise. C'est un médecin. Elle rêve de travailler dans un hôpital pour soigner les blessés. Je me demande si elle va un jour réaliser son projet car dans l'« État islamique en Irak et au Levant », d'après ce que je sais, les femmes ne peuvent pas travailler, à part dans la brigade al-Khansaa, la milice féminine chargée de contrôler l'application de la charia auprès des femmes. Enfin, Oum Maïssa, elle, est française. D'origine algérienne, cette célibataire de 33 ans espère se marier avec un combattant de l'« EIIL ». Elle m'explique qu'elle est venue ici pour vivre en Terre sainte. De toute façon, en France, elle n'avait ni travail ni mari. Elle a connu des déboires dans sa vie sentimentale, un peu comme moi. En fait, dans cette maison, je me rends très vite compte qu'il y a trois types de profils : des femmes comme moi, qui cherchent une vie meilleure, un idéal ou qui militent pour une cause juste : défendre les musulmans et l'islam. D'autres ont suivi leur mari par obligation mais ne rêvent que de rentrer chez elles, et puis il y a celles qui sont remplies de haine. Elles rêvent de tenir une kalachnikov et de tuer des mécréants. Je les repère très vite. Elles ont une façon de parler différente des autres, toujours avec agressivité.

Le soir, je tente de joindre mes parents, sans succès, la connexion est impossible. Je craque. C'est la panique, je fonds en larmes. Ma nouvelle amie me prend dans ses bras. Nassim s'est endormi ; elle me propose de monter sur le toit pour tenter de capter le réseau. Ça ne fonctionne pas. Latifa m'explique que je peux acheter du temps de connexion internet auprès de la patronne. Je vais me coucher, calmée par cette perspective.

Le lendemain, la patronne me vend de la connexion internet sans me poser de questions. Je contacte ma sœur pour lui dire de rassurer les parents. Je donne quelques nouvelles de Nassim et je lui demande d'aider ma mère à s'inscrire sur *Facebook* pour que nous puissions à nouveau communiquer.

Dans la matinée, je découvre l'organisation des tâches dans la maison. À tour de rôle, nous devons exécuter les différentes corvées de nettoyage. Les enfants jouent, le temps est long. Au milieu de ce petit monde, je me sens, peu à peu, appartenir à une famille malgré nos différentes origines et nos motivations diverses. En observant ces femmes et ces enfants, je remarque quelque chose d'étrange. Aucune des mamans n'est accompagnée de petits garçons de plus de 8 ans. J'interroge Latifa sur ce curieux constat.

« C'est simple. Au-delà de 8 ans, un garçon n'a plus le droit de voir une femme sans son niqab. Ils sont envoyés dans les camps d'entrainement comme les hommes.

— À 8 ans ?

— Oui, mais ils ne vont pas au combat avant 12 ans. Il y a même des camps pour les plus jeunes dès 4 ans, mais ce n'est pas obligatoire. »

Je suis troublée par ce que je viens d'apprendre. Nassim n'a que 4 ans. Je remercie Allah de ne pas avoir un fils plus âgé. Nous imaginer séparés m'horrifie.

Je ne suis pas au bout de mes surprises. En remontant vers la chambre, je découvre les femmes en train de se prendre mutuellement dans les bras, elles rient, certaines pleurent de joie. L'une d'entre elles se rend compte de ma présence ; elle se dirige vers moi pour m'embrasser.

« Qu'est-ce qui se passe ?

— *Hamdoulilah*[1] ! Le califat est rétabli, nous vivons désormais dans l'« État islamique » ! Le 29 juin, retiens bien cette date, elle est historique ! Abou Bakr al-Baghdadi est notre calife, la charia est d'application pour tous dans les territoires conquis. *Allahou akbar*[2] ! »

Les conséquences de cet évènement m'échappent un peu, qu'est-ce que ça va changer pour nous les femmes ? Je ne comprends pas vraiment leur enthousiasme, mais je joue le jeu en distribuant des accolades.

Au fil des jours, je m'habitue à ma nouvelle vie, malgré la dégradation des conditions d'hygiène. Le ménage n'est pas toujours fait de manière impeccable. La cuisine est souvent envahie de fourmis, les toilettes sont sales.

Ce que je craignais le plus est arrivé un matin. Nassim est tombé malade. Il a une fièvre de cheval, il vomit. En réalité, tous les enfants sont malades. Je suis morte de peur, l'image du petit garçon en train d'étouffer me revient en un éclair. Les médicaments que j'administre à Nassim ne font aucun effet, c'est la panique. Je demande à l'Anglaise si elle peut m'aider. Après tout, elle est médecin ! Mais elle n'a pas de médicaments et me conseille de lui donner des bains d'eau tiède. Devant l'ampleur de l'épidémie, la patronne promet d'emmener tous les enfants malades à l'hôpital. Nous attendrons deux jours qu'elle tienne sa promesse. Cette visite chez le médecin est ma première sortie. La patronne nous dépose devant un petit bâtiment à dix heures du matin.

« Je vous reprends ce soir vers dix-huit heures. Hâtez-vous, entrez vite dans la clinique, il y a des bombardements. Si un avion vous repère, il pourrait vous prendre pour cible ! »

---

1. Louange à Dieu.

2. Dieu est le plus grand.

Ces paroles me glacent, j'avais l'impression que Raqqa, capitale du califat, était préservée, je me trompais. Sur la route de l'hôpital, j'ai vu des quartiers complètement détruits. Je prends Nassim dans mes bras, il n'a pas la force de marcher. Le bâtiment qui se dresse devant nous n'est pas vraiment un hôpital mais plutôt une petite maison médicale. À l'intérieur, une cuisine, une salle d'eau avec un évier et une toilette turque, un cabinet médical et une chambre avec cinq lits. C'est là que nous nous installons en attendant la visite du médecin. Avec six femmes et sept enfants entassés dans ce local, nous sommes un peu à l'étroit. Les murs sont nus, l'équipement sommaire, mais je suis soulagée ; Nassim va être soigné. Les enfants se reposent et jouent. L'attente est longue. À midi, nous recevons un vrai repas : des frites, du riz et surtout du poulet ! Ça fait des jours que nous n'avons pas mangé de viande. Nassim n'est pas bien, il ne profite pas vraiment du festin.

L'après-midi, je décide de prendre le risque de sortir avec le petit. J'ai besoin de prendre l'air. Une des mamans, une Russe, nous accompagne. Elle suggère de ne pas s'éterniser ; un quartier a été complètement détruit par un bombardement quelques jours plus tôt. Mieux vaut ne pas trainer dans le coin. Nous décidons d'aller acheter quelques friandises dans une boutique. Je ne me sens pas très à l'aise. La ville n'est pas sécurisée, contrairement à ce que j'imaginais. La vie va être un peu plus compliquée que prévu. Un peu plus loin, nous trouvons une petite épicerie. J'achète du chocolat pour Nassim, de la pizza pour le repas du soir et nous retournons rapidement à la maison médicale où l'attente se poursuit. Vers quinze heures, un docteur apparait enfin. Il parle français, ça me rassure. Il administre des piqures aux enfants et distribue des antibiotiques. Nassim n'a pas l'habitude des aiguilles, mais trop accablé, il ne dit rien. Je ne sais pas ce qu'il y a dans la seringue. Le médecin ne donne pas beaucoup d'explications, il se contente de nous rassurer sur l'évolution de l'état de santé des enfants. À dix-sept heures, la patronne nous ramène à la maison. Je retrouve Latifa et la vie reprend son cours.

Après quelques jours, Nassim se sent déjà mieux. Les médicaments syriens me semblent plus efficaces que les nôtres. Je suis rassurée, il joue maintenant avec les autres enfants et a l'air de se plaire, même si nous ne sortons pratiquement pas de cette maison.

Un matin, Latifa déboule dans la chambre, elle est un peu nerveuse.

« Mon mari est là ! Je dois partir immédiatement !

— C'est pas vrai ! Tu ne vas pas me laisser seule !

— Je pars pour Al-Shaddadeh, près de la frontière irakienne, à deux-cent-soixante kilomètres d'ici. L'endroit est plutôt désert, mais nous serons avec d'autres Français.

— Comment vais-je faire sans toi ? J'ai peur, Latifa !

— Ne t'inquiète pas, tu te débrouilles très bien. »

Je ne suis pas rassurée. Nous échangeons nos coordonnées *Facebook* pour rester en contact. Latifa me serre dans ses bras, prend ses affaires et disparait derrière la lourde porte en fer. En moins de cinq minutes, j'ai perdu la seule amie que j'avais ici. Les larmes coulent, je me sens terriblement seule.

Radicalisée

Jumet, mars 2013

Dans la maison de Marchienne, je me sens seule. Les journées passent lentement, dans l'attente d'une visite de Mohamed. J'espère toujours qu'il viendra vivre avec nous, que nous formerons enfin une vraie famille. On serait si bien tous les trois. Mais les rares visites tournent souvent à la dispute. Je lui reproche son manque de responsabilité face à notre situation. Il ne veut toujours pas habiter avec nous et refuse de reconnaitre Nassim pour ne pas contrarier sa mère. Il me demande de lui laisser du temps ; ça me met en colère parce que je sens bien, que, au fond, il n'en a tout simplement pas envie.

Pourtant, je veux encore y croire : on reste, malgré tout, très liés, et ma situation professionnelle s'améliore. J'ai trouvé du travail, un contrat à durée indéterminée comme technicienne de surface dans une institution pour enfants handicapés, là où travaille ma mère. C'est un changement dans ma vie. Cette sécurité financière me donne l'envie d'acheter une maison. Mohamed me pousse dans cette voie sans s'engager. Il ne veut pas investir dans l'achat d'une maison, mais propose de m'aider à effectuer les travaux. C'est un bon début. Ce projet, c'est mon rayon de soleil : une maison à moi où j'élèverai mon fils. Mohamed nous rejoindra surement en voyant notre nouveau foyer. Une maison, un mari, une famille unie, c'est tout ce que je demande pour être heureuse.

En mai, je signe l'acte d'achat d'une petite maison située à quelques dizaines de mètres de chez mes parents. Tout est à refaire à l'intérieur: électricité, eau, carrelage... En attendant, je retourne vivre chez papa et maman. Je ne peux pas me permettre de continuer à payer le loyer de mon logement à Marchienne et rembourser les traites de la nouvelle maison. Avec Nassim, on a une chambre à l'étage. Nous sommes très bien installés et mes parents sont aux petits soins. Parfois un peu trop, peut-être. J'ai l'impression de redevenir une petite fille, de ne plus être crédible en tant que mère. Je ne suis pas la maitresse de maison; je ne suis pas l'épouse, la femme, la mère. Je suis redevenue la petite fille, une fille-mère avec son bébé, prise en charge par ses parents. Cette situation me pèse. Mes parents n'y sont pour rien; ils font de leur mieux, alors je ne me plains pas. J'ai hâte de m'installer dans ma maison, mais les travaux me semblent interminables. Et Mohamed s'éloigne encore. Depuis plusieurs mois, il ne se passe plus rien entre nous; plus de tendresse, plus de complicité. La situation n'améliore évidemment pas notre relation, nous ne nous voyons plus qu'à l'extérieur. Trois à quatre rendez-vous d'une heure par semaine, dans un parc ou un centre commercial. Des rencontres toujours tendues, comme si nous étions un couple divorcé qui se voit pour le bien de son enfant.

Un matin du mois de juillet 2013, je me rends à la maison car un agent de quartier doit passer pour régler des formalités administratives. Je l'attends au milieu du chantier. Un chaos indescriptible. Tout est cassé, il n'y a plus de carrelage, les murs sont à nu; j'ai l'impression que jamais cet endroit ne sera habitable. Ma maison est comme mon couple: en ruine. Une sensation de désastre généralisé. Je viens encore de me disputer avec Mohamed ce matin. Je le sens de plus en plus distant; il me cache quelque chose, j'en suis certaine. Alors, ce jour-là, je lui envoie un message:

« Ça ne va plus entre nous, il faut qu'on soigne notre couple. »

La réponse fuse, comme une flèche qui atteint sa cible en plein dans le mille :

« Il n'y a plus de nous. »

Il n'en dira pas plus à ce moment-là. Mais j'ai déjà compris. Plus tard, il m'avoue avoir rencontré quelqu'un ; il veut me quitter. Je suis effondrée, ma vie est foutue. Nassim a 3 ans, je ne veux pas le voir grandir sans père. Mohamed ne peut pas nous abandonner. C'est décidé, je vais tout mettre en œuvre pour le récupérer. Pendant des semaines, je le supplie, mais Mohamed a le cœur ailleurs, il change de numéro de téléphone et nous nie. Mes efforts n'y changeront rien.

Je me retrouve seule pour élever mon fils. Bien sûr, mes parents sont là, comme toujours. Ils restent positifs.

« On est là pour toi, tu n'es pas la première à qui ça arrive. Tu rencontreras quelqu'un d'autre, nous sommes derrière toi. »

Ils peuvent faire tout ce qu'ils veulent, rien ne peut me réconforter. Je me sens tellement mal. J'ai tout raté. Ma vie tourne en rond avec son rythme abrutissant. Le boulot, le ménage et les soins à prodiguer à mon fils en rentrant à la maison. Ensuite, je me retranche dans ma chambre. Je parle peu à mes parents. Je n'ai plus qu'une seule amie, Mohamed a fait le vide autour de moi. Mais elle a sa vie, ses enfants, son mari, et je la vois rarement. Pour tromper cette vie qui n'a pas de sens, je me réfugie sur internet. Je cherche une consolation sur des sites religieux. Il n'y a que l'islam qui peut me sortir de ce malaise. J'espère y trouver de nouveaux repères, et peut-être ce dont ma vie me prive pour l'instant : le respect, la fidélité, l'amour éternel.

Jumet, janvier 2014

En surfant sur *YouTube*, de vidéo en vidéo, je tombe sur des publications de l'« État islamique en Irak et au Levant ». Je ne sais pas ce que c'est, je ne lis pas les journaux et je ne regarde jamais les infos à la télévision. Aujourd'hui encore, ma mère se demande comment je pouvais ignorer ce qu'était l'« État islamique » ! Pourtant, aussi incroyable que cela puisse paraitre, je n'en avais pas entendu parler. Je ne connaissais que les images de propagande qui présentent leurs membres comme des héros, leur cause comme juste et nécessaire. La défense des musulmans opprimés ou des Syriens maltraités, humiliés me semble légitime ! Sur les vidéos, on voit des enfants torturés, des femmes suppliciées par le régime de Bachar el-Assad.

Plus le temps passe, plus je m'enferme dans mes recherches sur internet. Un clic en entrainant un autre, je rencontre Idriss sur *Facebook*. On commence à chatter et, assez vite, on décide de se rencontrer. Le premier rendez-vous a lieu à Bruxelles. Il est treize heures quand je sors de la maison. J'invente une visite à une amie pour tromper la vigilance de mes parents. Idriss a demandé que je vienne le chercher chez lui. Il est habillé normalement, en jeans ; il porte la barbe. Je sais qu'il a perdu son boulot ; avant, il travaillait dans une boucherie. Ce mois de février 2014 est froid. Malgré tout, Idriss propose que nous allions discuter dans un parc pour éviter un endroit où on sert de l'alcool. Je trouve cette attitude un peu radicale. On commence à parler de tout et de rien, on rigole. Il me raconte sa vie.

« J'ai beaucoup changé. Avant, je buvais, je fumais, maintenant j'ai arrêté tout ça, je suis dans la religion, je me mets dans le droit chemin. »

J'admire le courage qu'il a eu de changer de vie de cette manière.

Très vite, il me parle de *djihad* et me conseille de quitter le pays.

« On n'a plus le choix, tu devrais faire la *hijra*. On ne peut plus vivre avec les mécréants, ça va mal finir. Il faut suivre le sentier d'Allah et partir vivre dans une Terre sainte. »

Nous restons une heure dans le parc à discuter. Je lui parle du voile, de la mixité, je pose des questions, il a réponse à tout. Chacune de ses paroles met en avant les avantages de la vie en Terre sainte.

« Ici, le voile n'est pas accepté, ils ne veulent pas de l'islam. Là-bas, en Syrie, on est libre de pratiquer notre religion. En Belgique, les musulmans ne sont pas tolérés, et ça ne va pas s'arranger. Dans le futur, il sera de plus en plus difficile de vivre notre religion tranquillement. De toute façon, c'est écrit dans le Coran, c'est une obligation. Nous, les musulmans, nous devons nous rendre dans un pays musulman.

— Et pourquoi pas le Maroc ?

— Non, ce sont des traitres. Ils vendent de l'alcool ! C'est dans le sentier d'Allah qu'il faut aller. Le prophète est lui-même allé en Syrie. Là-bas, l'« État islamique en Irak et au Levant » défend vraiment notre religion.

— Et si je vais là-bas, de quoi je vais vivre ?

— Tu ne manqueras de rien, il y a tout. Tu auras une belle maison et largement de quoi te nourrir.

— Et je pourrai me rendre utile auprès des blessés ?

— Bien entendu ! Tu pourras même devenir infirmière, *inch'Allah* !

— J'adorerais être infirmière. Je ne peux pas rester sans rien faire devant les atrocités commises par el-Assad. »

Son discours m'impressionne vraiment. J'aime l'écouter. Avec son regard tendre, il est calme et posé. Je ne peux pas m'empêcher de le comparer à Mohamed. Il est plus droit, plus honnête et il me fait progresser dans mes connaissances religieuses. Si Mohamed avait été comme lui, tout aurait été plus simple entre nous. J'évoque l'échec de cette relation ; Idriss me dit d'oublier cet homme, que ce n'est qu'un mécréant et que je trouverai quelqu'un de bien.

« En Syrie, les « frères » accepteront ton fils. Si un homme se marie avec toi alors que tu as un fils, il aura encore une meilleure place au paradis. Ce sont des hommes courageux, ils n'ont pas peur de mourir et respectent leur femme. Là-bas, les maris sont fidèles. Il n'y a pas de tentation puisque les femmes sont protégées par leur burqa. »

Ces paroles me font rêver. Là-bas, j'ai plus de chance de rencontrer quelqu'un en étant mère célibataire ! Il me faut un homme comme ça, qui me valorise, un papa pour mon fils, qui s'occuperait bien de lui. Un homme fidèle pour qui je serai la seule, l'unique amour. Idriss insiste. Il me dit que je devrais partir seule avec mon fils, que je serai prise en charge sur place, mais ça me fait trop peur. Il dit que, lui aussi, il partira un jour. Il cherche une femme, mais je ne corresponds pas à ses critères. Il veut épouser une combattante, prête à commettre un attentat et mourir en martyr.

Après ce premier rendez-vous, tout est chamboulé dans ma tête. Je veux en savoir plus sur la Syrie, sur l'« État islamique en Irak et au Levant », comment ils défendent leur cause, comment ils se battent, leur mode de vie. En rentrant à la maison, je me connecte directement à internet pour poursuivre mes recherches. Idriss m'a indiqué quelques adresses web intéressantes. Je consulte de nouvelles vidéos. La semaine suivante, je vois Idriss pour la deuxième fois. Nous restons dans la voiture pour discuter. Il est très nerveux. Il me montre des images de la vie des femmes là-bas. On les voit se promener tranquillement dans un marché. La vie a l'air paisible.

« Tu dois rejoindre tes sœurs, c'est une obligation. Là-bas, tu n'auras plus de problèmes, tu oublieras tous tes soucis et tu rencontreras un homme pieux qui te rendra meilleure. »

Il me montre aussi des images horribles des crimes de Bachar el-Assad contre le peuple syrien et d'autres de tortures à Guantanamo. Je repars avec la nausée. À ce moment-là, je n'ai pas encore vraiment l'idée de partir, j'ai bien trop peur de voyager seule.

C'est notre dernière rencontre. Je ne reverrai plus jamais Idriss. Ne correspondant pas à ses critères pour un mariage, je n'étais plus assez intéressante ; il a préféré arrêter de me voir. Plus tard, j'apprendrai qu'Idriss n'est jamais parti en Syrie. Son rôle était uniquement de recruter.

En rentrant après le dernier rendez-vous, je crée immédiatement un nouveau compte *Facebook* au nom de « Nora la convertie », tout en gardant celui de Laura Passoni, la jeune fille belge d'origine italienne. Sur mon nouveau profil, je mets une photo de femme en niqab. Je trouve ça tellement beau, j'envie ces femmes qui peuvent se couvrir. Ce qui me plait, c'est l'idée que seul leur mari puisse les voir. À mes yeux, c'est une forme de respect. Le niqab, pour moi, c'est romantique, ça évoque la fidélité. Un homme qui aime une femme en niqab, c'est forcément quelqu'un de loyal, qui veut sa femme pour lui seul et qui ne regarde qu'elle. L'antithèse de Mohamed, en somme.

Et puis, ne montrer que les yeux, je trouve ça sexy, tout est dans le regard.

En couverture de mon profil *Facebook*, je poste une photo de femmes également en niqab mais brandissant des kalachnikovs. C'est attirant, une femme avec une arme. Nous aussi, on peut prendre les armes. Je vois dans cette image la féminité et un pouvoir sur les hommes que j'ai perdu quand Mohamed m'a quittée pour une autre femme. Non seulement Mohamed m'a humiliée mais, en plus, il me harcèle. Régulièrement, il me suit en voiture. Je dépose plainte après une ultime course-poursuite dans les rues de Charleroi. Il ne veut plus de moi, mais continue à surveiller mes faits et gestes et voudrait m'empêcher de refaire ma vie.

Avec mon nouveau compte *Facebook*, ma double vie a commencé. Quand je suis chez mes parents, je me comporte comme d'habitude : travailler, m'occuper de mon fils et du ménage. Je vis normalement, comme si de rien n'était. Le soir, je file dans ma chambre pour donner vie à « Nora la convertie » sur internet. Avec mon nouveau profil, je continue à chatter avec Idriss.

Je commence à faire mes prières et mes ablutions en cachette, à moins sortir. Avant, je me contentais de faire le ramadan et de manger *halal*. Mes parents ne remarquent rien. Tout doucement, une distance s'installe avec ma mère ; je ne la vois plus de la même façon. À mes yeux, c'est une mécréante. Mes parents me dégoutent quand ils mangent du jambon ; je ne supporte plus de les voir avaler de la charcuterie. Une rage grandit en moi à force de voir toutes ces injustices présentées dans les vidéos. L'envie d'émigrer en Syrie me taraude. Je déteste tout le monde ici. Il faut que je trouve quelqu'un avec qui partir. Toute seule je n'y arriverai pas. Le compte *Facebook* de « Nora la convertie » commence à attirer des « frères » qui se trouvent en Syrie. Il y a d'abord Abou Ikbal Al Belgiki. Il m'a envoyé un message et j'ai consulté son profil. C'est vraiment un très beau garçon, un Marocain, mon idéal masculin.

« T'es au *Shâm*[1] ?

— Oui

— J'ai envie d'y aller aussi, mais j'ai peur de partir toute seule. Si je me fais arrêter, les autorités risquent de me prendre mon fils.

— T'inquiète pas, si tu veux, on se marie par *Skype,* et je te promets qu'ici, on s'occupera bien de ton fils. Je m'occuperai de toi. »

Ikbal demande une photo de moi, de mon fils et m'explique comment je peux arriver en Syrie en passant par la Turquie. D'après lui, c'est très facile. Il faut juste un peu d'argent pour le billet d'avion. Si je n'en ai pas, l'« État islamique en Irak et au Levant » peut m'en donner. À Istanbul, une personne me guidera et m'aidera à passer la frontière. Comme il est au front, il ne peut pas me parler quand il veut. J'ai peur qu'il ne soit pas là le jour de mon arrivée, j'ai peur de ne pas lui plaire. Je lui confie mes doutes. Il me répond, cette fois, de manière laconique.

« Pas de soucis. Si tu changes d'avis, je suis là. »

---

1. Nom traditionnel de la Syrie en islam qu'on peut traduire par Levant. Au XIXe siècle, le *Shâm* correspondait à un territoire plus étendu que la Syrie actuelle : la Palestine, le Liban, la Syrie, la Jordanie et quelques provinces turques.

Un peu court comme réponse pour quelqu'un qui prétend vouloir m'épouser. Je ne dois pas l'intéresser tant que ça. Je laisse tomber. Quelques jours plus tard, un certain Oussama me contacte.

« *Assalamou Alaykoum*[1], je suis divorcé, j'ai mes papiers, j'ai une petite fille de 8 ans. Peut-on apprendre à se connaitre ? »

1. Que la paix soit sur vous.

Sous les bombes

Raqqa, juillet 2014

Le vide laissé par Latifa me fait tourner la tête. Quand on est loin de chez soi, loin des siens, c'est incroyable comme on peut s'accrocher à un sourire, à un peu d'attention. Je me réfugie dans la religion. De toute façon, ici, il n'y a pas grand-chose d'autre à faire, et la patronne nous oblige à apprendre des sourates. Chaque jour, nous devons lire et étudier le Coran. Des petites réunions sont organisées entre femmes pour discuter des règles à suivre, apprendre aux nouvelles ce qui est permis ou pas, comment bien faire ses ablutions, les prières, ou encore comment se comporter avec un homme. Quand c'est la prière d'*Al Fajr*, la prière de l'aube, entre trois et quatre heures du matin, on prie toutes ensemble. La journée, c'est chacun pour soi, mais il y a toujours une ou deux personnes pour surveiller le respect des moments de prière. J'aime qu'on respecte la *salât*[1], mais ces « espionnes » contrôlent aussi tous nos faits et gestes. Ce matin, elles me demandent si j'ai vu Oum Youssef, une Française, faire des photos.

« Oui, elle fait des photos.

— Et tu sais pourquoi ?

— Elle fait juste des photos souvenirs. »

En fait, Oum Youssef alimente surtout sa page *Facebook*. Furieuse, la patronne lui confisque son téléphone portable et coupe l'accès internet pour toutes les femmes de la maison. Elle

1. La prière.

nous vendait de la connexion avec un code d'accès. Je pense que ça fonctionne par satellite. La paranoïa est partout dans cette *madafa*. La patronne craint que les photos de Oum Youssef permettent de localiser la maison. En attendant, me voilà privée du seul lien que j'avais encore avec mes parents. Je râle, mais Nassim a faim ; il est temps de préparer le repas. J'oublie un instant cette dernière frustration.

Nous sommes en train de manger et de discuter tous les deux quand j'aperçois une toute jeune fille entrer dans la pièce. Elle interrompt la conversation.

« Tu parles français ! Tu es française ?

— Non, je suis belge. Comment t'appelles-tu ?

— Je m'appelle Samia, je viens de France, mais je suis d'origine algérienne.

— Moi, c'est Laura, et voici mon fils Nassim ; il a 4 ans. Tu as l'air jeune, quel âge as-tu ?

— J'ai 15 ans. Je suis contente de rencontrer quelqu'un qui parle ma langue ! »

Samia a de longs cheveux ondulés, des joues charnues et porte un appareil dentaire. Elle est toute menue, je la vois comme un grand bébé fragile. J'ai tout de suite envie de la protéger, je ne sais pas pourquoi, mais c'est une évidence. Elle vient d'arriver, elle est seule ; je lui propose de manger avec nous et la discussion se poursuit.

« Tu es en Syrie depuis quand ?

— Je suis arrivée il y a trois semaines. J'ai fait le voyage pour rejoindre mon mari. C'est un combattant que j'ai rencontré sur internet.

— Tu as voyagé seule ?

— Oui.

— À 15 ans ! Tu n'as pas eu de problème ?

— Non, personne ne m'a rien demandé. Je n'avais qu'à suivre les instructions de mon mari. Tout était prévu, j'ai été accueillie à mon arrivée et guidée jusqu'à la frontière.

— T'as peur de rien toi ! J'ai 29 ans, mais je n'aurais jamais osé voyager seule. Et pourquoi tu ne vis pas avec ton mari ?

— Il est au combat une semaine sur deux. Je dois rester ici quand il n'est pas là.

— Moi aussi j'attends mon mari. Il est dans un camp d'entrainement. Je ne sais pas trop ce qui nous attend. On nous avait promis une belle maison pour vivre en famille. »

Samia me raconte son parcours avec beaucoup de douceur dans la voix. Cette sérénité m'apaise. Elle est souriante, joyeuse, pleine de vie. Une vraie bulle de fraicheur dans cet univers sombre et rigide dans lequel je baigne depuis mon arrivée. Ce contraste me fait prendre conscience, le temps d'un instant, de la morosité ambiante. Avec Samia, j'ai aussi quelques points communs. Comme moi, elle s'entend bien avec ses parents. Elle a quitté la France parce ce qu'elle en avait marre de vivre dans un pays de *Kouffar*[1]. Elle se sentait discriminée. À l'école, elle ne pouvait pas mettre son jilbab. Samia parle sans haine mais avec détermination. La France, elle ne veut jamais y retourner. Comme moi, elle a appris beaucoup sur internet : la religion, l'« État islamique en Irak et au Levant », le devoir d'immigrer en Terre sainte. Après le repas, j'aide Samia à s'installer près de moi dans la chambre. Je la considère déjà comme ma petite sœur et, très vite, une vraie complicité nous lie.

1. Mécréants, infidèles.

Le lendemain matin, je vis mon premier bombardement. Vers huit heures, une intense explosion nous arrache à notre sommeil. La déflagration est terrible, tous les murs tremblent. J'ai l'impression que la villa va s'effondrer. J'attrape Nassim et je le jette au milieu de la pièce. La patronne nous avait dit que le centre d'un local était toujours plus sûr en cas de bombardement. Je ne suis pas convaincue que ça change quelque chose, mais je le fais. Avec Samia, on protège Nassim en le couvrant avec nos corps. Ça a duré deux longues minutes. Une éternité sans oser bouger, jusqu'à l'intervention de la patronne.

« C'est tombé pas loin du camp des hommes, mais ils n'ont rien. Vous pouvez vous rendormir, ça a l'air d'être terminé. »

Je ne réalise pas vraiment ce qui vient de se passer. Nassim non plus. Prostré, il ne dit pas grand-chose. Je le rassure en lui expliquant que les bombes font beaucoup de bruit mais qu'elles sont tombées loin de la maison.

Ce bombardement n'est pas une surprise, je savais que ça arriverait. Les femmes m'avaient prévenue, c'est assez courant. De toute façon, la mort n'est pas un problème ici. C'est Allah qui décide. En théorie, je suis d'accord. Mais maintenant que c'est concret, j'ai peur que Nassim se retrouve seul, sans moi. Que deviendrait-il ici ? Ou bien moi, sans lui ? Je me sentirais tellement coupable. Si on n'est pas tués tous les deux, c'est une catastrophe. Comment n'ai-je pas pensé à cela plus tôt ? C'est bête, mais je n'avais pas imaginé cette possibilité avant de vivre un bombardement. Le premier d'une longue série.

Quelques jours plus tard, la patronne nous autorise à sortir pour nous baigner. Il fait une chaleur étouffante et il y a une étendue d'eau pas très loin de la maison. Nassim est super content.

Nous partons avec quelques mamans et leurs enfants. Après des semaines d'enfermement dans les *madafa*, cette sortie est une véritable bouffée d'oxygène. Profiter de la lumière me fait du bien, même si je dois reconnaitre que je suffoque un peu sous mon niqab. L'endroit est agréable. Il y a quelques arbustes, des cailloux et cette eau d'un bleu azur. Les enfants courent pour se baigner. Nassim me supplie de le rejoindre, mais j'ai peur de me noyer. Je n'ai jamais nagé avec un niqab ! Samia, elle, se jette à l'eau tout habillée. Elle rit et joue avec Nassim. Je trempe quand même mes pieds et je suis heureuse de voir le bonheur de mon petit. Un bonheur de courte durée. Des explosions et des tirs se font entendre. Je sens mon corps se liquéfier sous la peur. En quelques secondes, tout le monde est hors de l'eau et court pour se mettre à l'abri. Sur le chemin, un petit garçon d'environ 5 ans porte sa petite sœur avec beaucoup de difficultés. Je ne vois pas la maman. Mon regard passe de ces deux enfants à mon fils. Que faire ?

« Samia, s'il te plait ! Aide ces deux enfants ! Moi je porte Nassim. »

Les tirs redoublent d'intensité et se mélangent aux cris des femmes et des enfants. Il reste une centaine de mètres pour rallier la maison. Une fois à l'intérieur, je serre Nassim dans mes bras.

« Nassim, écoute-moi bien. Quand tu entends tirer ou que tu entends un grand « boum », tu dois vite rentrer dans la maison.

— Pourquoi il y a des « boum » ?

— C'est le méchant Bachar qui veut nous tuer parce que nous sommes musulmans.

— D'accord, je rentrerai vite. »

Cette vie sous les bombes est insupportable. Je me sens prisonnière d'une situation dans laquelle je me suis mise moi-même. Que suis-je venue faire dans cette galère ? Je m'accroche à l'idée que ça ira mieux quand Oussama sera là. Il n'y a pas d'autre choix que l'espoir. Dans ma tête, un lancinant bras de fer s'est installé entre la résignation, l'acceptation de cette épreuve imposée par Allah, l'obligation de vivre en Terre sainte et l'envie de faire demi-tour. Deux petites voix se battent au fond de mon âme, elles ne me laisseront pas beaucoup de répit pendant les neuf mois que je vais passer dans l'enfer de Daesh.

Pendant le repas du soir, les discussions sont animées à propos de l'évènement de l'après-midi. Je raconte aux femmes qui ne sont pas venues se baigner comment nous avons toutes couru quand les premières explosions ont retenti. Une Tunisienne d'une trentaine d'années me fixe sans rien dire. Dans son regard, je perçois de la haine. Elle s'adresse maintenant à Samia, en arabe. Je suis certaine qu'elle parle de moi. Samia éclate de rire. Mon sang ne fait qu'un tour, je veux savoir ce qu'elle a dit.

« Elle a dit que les Européennes ne viennent ici que pour montrer leur cul à leur mari !

— Quoi ? Elle se prend pour qui ? »

Choquée par la grossièreté et la méchanceté de cette femme, je saisis mon verre d'eau et je lui balance à la figure. Le ton monte, la patronne intervient pour nous calmer. Vivre en communauté, avec autant de nationalités, de cultures différentes est un vrai cauchemar. La communication est difficile. Entassées dans quelques pièces, nous n'avons pratiquement aucune intimité. Cette situation commence à me peser. J'ai hâte de vivre avec Oussama dans une maison rien qu'à nous.

Après cette épouvantable journée, nous allons nous coucher. Le lendemain, les bombardements reprennent. Certains soirs, ils sont tellement intenses que la « chef » nous demande de nous tenir prêtes à évacuer, mais on ne part jamais. Je ne m'habitue pas. La peur me ronge le ventre. Il faudra encore quelques semaines pour que je finisse par intégrer les bombardements à la normalité de mon quotidien. Des centaines de fois, les femmes me l'ont répété, nous ne sommes pas venues ici pour vivre mais pour mourir. Ce qui compte, c'est la vie dans l'au-delà. J'ai beau trouver le paradis très important et très tentant, avec ses rivières de miel et ses fleuves de lait, je ne parviens quand même pas à avoir envie de mourir comme certaines femmes rencontrées dans la *madafa* de Raqqa. Elles rêvent de disparaitre dans une opération martyre, mais le « calife » al-Baghdadi a décidé d'interdire les opérations kamikazes aux femmes. Il dit que c'est parce qu'une femme ne devient jamais une martyre pour de bonnes raisons. D'après lui, elles veulent uniquement rejoindre leur mari décédé et non pas honorer Allah. À mon avis, la vraie raison de ce refus est ailleurs. Al-Baghdadi a besoin de nous pour faire des enfants et peupler son « État islamique ». Si nous mourons toutes, son califat disparait.

Malgré la peur des bombardements, Nassim continue à se croire en vacances. Il joue et ne pose pas trop de questions. Je ne veux qu'une seule chose, son bonheur et sa sécurité. Je me sens bête de l'avoir emmené ici.

Un matin, la patronne m'annonce que quelqu'un va venir me chercher. Je suis emballée, ça veut certainement dire qu'Oussama a terminé son entrainement ! On va enfin être réunis, je file dans ma chambre pour préparer nos affaires. Mes bagages sont presque terminés quand j'entends une voix inconnue et francophone m'appeler.

« Oum Nassim ! Oum Nassim !

— Oui !

— Bonjour, je suis venue te dire que tu quittes cette maison.

— Mon mari arrive ?

— Non, il n'a pas terminé son entrainement. Il a demandé à des amis de t'accueillir chez eux et il a demandé qu'on te remette ceci. »

Cette femme me tend un bout de papier. C'est un message, quelques mots déposés à la hâte par Oussama. Je reconnais son écriture.

« *J'espère que tu vas bien. Tu vas aller dans une famille dans laquelle tu te sentiras bien. Le confort sera meilleur que dans la madafa. Sois patiente, ne t'en fais pas. Je serai bientôt de retour. Je t'aime en Allah, hobi*[1]. *Abou Nassim Al-Belgiki* »

Quelle déception, j'espérais tellement le revoir ! Malgré cette déconvenue, l'attention d'Oussama me touche. Il pense certainement bien faire. Il se dit que je ne suis pas bien dans la maison pour femmes. En réalité, je préférerais rester ici avec Samia. Ses amis, je ne les connais pas. Je n'ai aucune idée de l'endroit où je vais atterrir. J'ai à peine eu le temps de trouver mes marques qu'il faut déjà s'habituer à autre chose. Je remercie la femme qui m'a remis le mot, mais elle ne bouge pas ; elle semble m'attendre.

« Je pars maintenant ? Là, tout de suite ?

— Oui, tout de suite, prends tes affaires, on y va. »

Il faut que je prévienne Samia. Je panique, mes idées se brouillent, j'ai du mal à respirer. Samia arrive, alertée par la

1. Mon amour.

rumeur. La nouvelle de mon départ s'est déjà répandue dans toute la maison.

« Tu pars ?

— Oui Samia, je suis désolée. Je te promets que je reviendrai te voir dès que mon mari sera auprès de moi.

— Ne me laisse pas ! S'il te plait !

— Je te promets, on se reverra. »

Nassim ne veut pas partir. Il s'est fait beaucoup d'amis ici. Il se jette dans les bras de Samia. On pleure tous les trois. Nous échangeons nos adresses *Facebook*. J'espère que la patronne rétablira bientôt l'accès à internet. Je quitte la maison le cœur gros.

La femme nous accompagne. Nous embarquons à l'arrière d'un pick-up. C'est son mari qui conduit. Direction Al-Bab. Je n'ai aucune idée d'où cela se trouve. La femme me dit qu'il y a un peu moins de trois heures de route et nous offre de la nourriture. Nassim s'endort. Nous voyageons vers l'inconnu avec des étrangers. Une nouvelle fois, j'exécute les ordres et j'essaie de ne pas me poser de questions. C'est difficile. Je ne sais rien de ces gens qui nous conduisent ni de ceux qui vont nous accueillir. Nous n'échangeons aucun mot pendant les longues heures que durera ce huis clos, puisqu'une femme n'est pas autorisée à parler devant un autre homme que son mari.

Al-Bab, enfin. Une ville cassée. Beaucoup plus petite et moins belle que Raqqa, où j'avais l'impression que les gens vivaient plus ou moins normalement. Ici, j'entre dans les ténèbres. Al-Bab me parait noire, grise, fermée. Je sens une tension en traversant la ville. La police de l'« État islamique » est très présente, la couleur noire est partout. Le code vestimentaire est respecté à la lettre. Al-Bab me terrifie. Nous nous arrêtons en plein centre-ville. Autour de nous, des petites boutiques et des immeubles de deux étages en béton. Le couple me fait monter au premier niveau d'un petit bâtiment beige, austère. Trois femmes en niqab, accompagnées d'une petite fille, ouvrent la porte et nous souhaitent la bienvenue. Une fois à l'intérieur, elles soulèvent leur niqab, m'embrassent et me serrent dans leurs bras. Ces gestes me réconfortent un peu. À mon tour, j'enlève le voile qui couvre mon visage. Les filles éclatent de rire.

« On pensait que tu étais d'origine arabe !

— Désolée, je suis belge d'origine italienne.

— Pas de problème, mais c'est une surprise ! Allez viens, on va installer tes affaires et puis on mangera quelque chose. »

Elles sont plutôt sympas. Je ris avec elles et nous faisons connaissance. Les trois filles viennent de Roubaix. Il y a deux sœurs d'origine algérienne, Oum Malek et Oum Zoubir. La première a 24 ans. Elle est mariée à un ami d'Oussama que j'ai rencontré en Belgique avant de venir en Syrie. Elle est là avec sa petite fille de 3 ans, Majda, née d'un précédent mariage. La petite a été kidnappée, son père est resté en France. Oum Zoubir est plus jeune. À 21 ans, elle est l'épouse d'un autre ami d'Oussama, un policier de l'« État islamique ». L'autre jeune femme est une amie des deux sœurs. Elle est black. Oum Azzam a 20 ans et est mariée à un combattant. Je suis soulagée de voir qu'elles sont gentilles avec moi. Elles ne vivent pas toutes les trois ici. En fait, je suis accueillie chez Oum Malek. L'appartement est minuscule, froid et pratiquement vide. Il y a une douche, des toilettes turques et deux pièces qui font office de chambres. Dans la première, quelques paillasses et un frigo. Dans l'autre, un énorme matelas habillé d'une simple couverture. Au fond de la pièce, une porte qui mène à une petite cour intérieure dans laquelle est installée une cuisine rudimentaire. Ce n'est pas vraiment plus confortable que la *madafa*. Nassim a faim. Nous mangeons des nouilles sans sauce. C'est tout ce qu'il y a.

Je m'endors sur le matelas posé à même le sol en me promettant que, le lendemain, j'irai acheter des vivres pour préparer un vrai repas au petit. Le matin, j'annonce mon intention à Oum Malek. Mon projet l'intrigue.

« Ton mari est d'accord ? Tu ne peux pas sortir sans lui !

— Oui, il est tout à fait d'accord, il n'y a aucun problème. C'est juste pour faire quelques courses.

— C'est bizarre, mais si tu y tiens… Prends quand même la kalachnikov pour ne pas avoir de problèmes. C'est dangereux de sortir seule. Tu pourrais être kidnappée par des Syriens qui te vendraient à Bachar ! »

J'enfile ma burqa et Oum Malek me place la mitrailleuse en bandoulière. Je n'avais jamais touché une arme de ma vie. Je serais bien incapable de m'en servir, mais le but, c'est d'impressionner. Avec ma burqa et ma kalach, je me sens fière. Je suis du côté des forts. J'ai quand même un peu peur de sortir, mais pour nourrir Nassim, je suis prête à tout. En sortant de l'immeuble, je me dirige vers la grande rue sur la gauche. J'aperçois des magasins au loin. Je serre la main de Nassim pour qu'il ne me lâche pas et j'accélère le pas. Mes pieds se prennent dans le bas de mon jilbab. Le poids de la kalach commence déjà à me donner des douleurs dans les épaules. Je trébuche. Le stress m'envahit, j'ai l'impression que tout le monde me regarde et perçoit mon malaise. La poussière vole sous mes pas, la route n'est pas macadamisée. Autour de moi, des boutiques où les produits sont vendus à même le sol. Ce tableau me laisse entrevoir la pauvreté et la misère des habitants du quartier. Tout à coup, une nouvelle évidence à laquelle je n'avais pas pensé me saisit : comment vais-je faire ces courses alors que je ne parle pas arabe ? Je rentre dans la première supérette qui se présente sur mon chemin. À la hâte, je dépose les vivres dans mon panier en choisissant les produits un peu au hasard. Arrivée à la caisse, je montre ma bouche avec les mains pour signifier au caissier que je ne parle pas l'arabe, mais je me rends compte que mon geste est mal interprété. Le caissier ne me regarde plus et s'empresse de faire l'addition. Il doit se dire que je ne veux pas lui parler car je suis une femme ! Je paie avant de me sauver de cette situation embarrassante.

Nassim est content. Je lui ai acheté un gros camion avec une remorque. Je repars avec un sac rempli de bonnes choses, on va se régaler. J'ai même trouvé du Nutella. Je me demande comment ce genre de produit entre encore en Syrie et, de surcroit, sur les territoires contrôlés par l'« État islamique ».

Mon obsession est de rentrer le plus vite possible. Les sacs de courses au bout du bras gauche, la main droite dans celle de Nassim et la kalach dans le dos, j'ai du mal à avancer. Si mes parents me voyaient… Une fois rentrée, je dépose mon butin, fière de mon escapade. Mais Oum Malek a l'air contrariée.

« T'es vraiment sûre que ton mari t'autorise à sortir comme ça ?

— Oui. Pour les urgences, je peux.

— La nourriture, ce n'est pas une urgence.

— Mais il n'y avait plus rien à manger ! Regarde ce que j'ai ramené ! Des jus de fruits, du lait, du fromage, de la sauce tomate, des pâtes, du thon et même du Nutella !

— Nous devons nous habituer à avoir faim. Tôt ou tard, la Turquie fermera la frontière, et on manquera de tout.

— Mais ta fille ? Tu n'es pas contente que je lui apporte à manger ?

— Elle aussi doit s'habituer, c'est un devoir. »

Cette dernière réponse me choque. Elle se fiche complètement de voir sa fille mourir de faim. Quand le mari d'Oum Malek rentre ce soir-là, il est immédiatement mis au courant de mon exploit. Ça ne lui plait pas du tout. Oum Malek me le fait savoir avec une certaine satisfaction dans la voix.

« Tu ne peux plus sortir, c'est un ordre de mon mari.

— Il n'a rien à me dire, je ne suis pas sa femme !

— Tu es sous sa responsabilité jusqu'au retour d'Oussama. Tu dois lui obéir. »

Vingt-quatre heures se écoulées depuis mon arrivée chez les Malek, et je regrette déjà la *madafa* de Raqqa ! Je pense à mes parents. Ils doivent être inquiets. Je n'ai plus donné de nouvelles depuis plusieurs jours. Ils ne savent pas que j'ai changé de ville. Impossible de les appeler depuis cet appartement ; il n'y a pas de réseau mobile. Je dois attendre le bon vouloir des amis d'Oussama pour me rendre dans un *phone center*. Quelques jours plus tard, Oum Zoubir et son mari Abou Zoubir acceptent de m'accompagner. Abou Zoubir est impressionnant. Il n'enlève jamais sa cagoule. Arrivé en Syrie il y a déjà trois ans, à l'âge de 18 ans, il a commis quelques atrocités dont je ne connais pas les détails, mais je sais que c'est assez horrible pour qu'il préfère ne pas montrer son visage.

Nous partons à pied. Après une vingtaine de minutes de marche, nous arrivons au *phone center*. C'est une cabane en bois avec une entrée pour les hommes et une autre pour les femmes, comme à la mosquée ! Je me sens mal ; l'envie de revoir mes parents, de partir d'ici, de leur dire que je regrette, me consume. Je sais que je ne vais pas pouvoir parler à ma mère sans surveillance, et ça me déchire le cœur. Avec Oum Zoubir, nous entrons côté femmes et attendons devant une petite porte. Elle frappe, et son mari ouvre pour lui passer le téléphone. Drôle de manège pour un simple coup de fil. Je forme le numéro. Ma mère décroche.

« Allô ? C'est Laura !

— Laura ! Je m'inquiétais. Qu'est-ce qui se passe ?

— J'ai déménagé, je suis à Al-Bab dans un appartement avec des amis d'Oussama.

— Comment ça va ?

— Ça va, ça va !

— Vous êtes bien ? Tu as à manger ?

— Oui.

— Et le petit va bien ?

— Oui.

— Tu as une drôle de voix, Laura. T'es sûre que ça va ?

— Oui.

— Tu peux pas parler ?

— Non.

— Tu as envie de revenir ?

— Oui.

— Y'a quelqu'un à côté de toi ?

— Oui.

— Il faut qu'on arrive à se parler. Tu peux me rappeler quand tu seras seule ?

— Non, il n'y a pas de réseau dans la maison et pas d'internet. Je dois sortir pour vous téléphoner. Tant qu'Oussama ne sera pas près de moi, ça va être difficile de vous parler.

— Passe-moi le petit.

— Je m'amuse bien, Mamy ! Il fait chaud !

— C'est bien, mon cœur ! Mamy et papy t'aiment très fort. »

Je rassure ma mère sur la santé de Nassim et je dois déjà raccrocher. Je n'ose pas lui dire que le petit a beaucoup maigri depuis notre arrivée en Syrie. Oum Zoubir m'a fixée d'un regard perçant pendant toute cette courte conversation. Après le coup de fil, elle se détend. Nous partons faire quelques achats de vêtements dans les boutiques alentour, et le couple se montre plus sympathique et bienveillant à mon égard.

Le soir, Oum Azzam nous rejoint pour rompre le jeûne, car le ramadan a commencé. Nous mangeons à trois comme le premier jour. Nassim et Majda jouent tranquillement. La soirée est agréable, on parle de tout et de rien. On s'amuse à se poser des questions débiles du genre : tu préfères avoir des cheveux verts toute ta vie ou devoir manger un kilo de vers de terre ? C'est la grosse rigolade jusqu'à ce qu'Oum Malek pose une question qui va radicalement modifier le ton de la conversation.

« Si t'es en danger de mort et que tu peux sauver une seule personne, tu choisis qui ? Ton mari, ta mère ou ton fils ?

— Mon fils ! »

Les filles me regardent de travers. Elles ont toutes les deux choisi leur mari !

« Mais pourquoi vous choisissez votre mari ? Vos enfants, c'est la chair de votre chair ! Et votre mère, c'est celle qui vous a donné la vie !

— Un enfant, tu peux en refaire un autre, et ta mère, elle a déjà fait sa vie. Toi, t'es trop attachée à ton fils. Tu l'aimes beaucoup trop ! Tu le laisses trop faire.

— Bien sûr que je l'aime ! J'ai peur de le voir mourir ici avec ces bombardements !

— Peur ? Toi, t'es vraiment pas normale ! Nous, on veut mourir *inch'Allah*. Mourir dans un bombardement, aller au paradis, c'est ce qui peut nous arriver de mieux. Moi, je suis même prête à aller au front ! Un jour ou l'autre, nous les femmes, nous irons aussi nous battre ! »

Je suis scandalisée. Ces femmes parlent avec de la haine, je vois qu'elles sont vraiment mauvaises. Leurs réflexions sur la mort, la faim, leur haine de la France et des non-musulmans, la place qu'elles donnent à leurs enfants ; en fait, la vie n'est vraiment pas ce qui les intéresse. Les enfants, leur bien-être, leur santé, c'est ce qui me semble être la préoccupation première pour n'importe quelle maman. Ce n'est pas leur cas. J'ai affaire à ce que j'appelle le « troisième profil ». Ces femmes déterminées, haineuses, agressives. Elles n'hésitent pas à se moquer de moi quand j'évoque ma peur de mourir ou celle de perdre mon fils. Jamais je ne supporterais l'idée d'être séparée de lui, il est hors de question qu'il soit éduqué par ce genre de femme si je venais à mourir. Oum Malek est violente avec sa fille, elle n'hésite pas à la frapper ni à lui donner des coups de boule. Je ne suis pas comme elles. Mon fils, c'est ma vie ! Je ne veux pas qu'on touche à un seul de ses cheveux.

Les filles se moquent aussi de moi pendant les bombardements.

À Al-Bab, ils sont pratiquement quotidiens. J'ai très peur, elles rigolent. Souvent, on voit les avions passer au-dessus de notre quartier. Ils attaquent régulièrement entre vingt-et-une heures trente et vingt-deux heures, au moment du repas. Quand la lumière s'éteint et que les sirènes hurlent, nous préparons vite nos affaires pour le cas où il faudrait évacuer.

Ce soir-là, notre conversation est interrompue par des explosions particulièrement violentes. Je me sens vidée et je suis incapable de bouger, figée par la terreur. Tout le bâtiment tremble, les assiettes se fracassent sur le sol. L'immeuble voisin vient d'être touché. Nous descendons au rez-de-chaussée. Le frère d'Oum Malek, Abou Mehdi, qui habite à quelques centaines de mètres, arrive en courant ; il vient voir si tout va bien pour nous. Il nous emmène chez lui ; nous marchons à pied dans la ville. Le bruit des avions me tétanise. Dans sa maison, nous nous rassemblons au milieu de la pièce principale en nous cachant sous des matelas pour être protégés. Abou Mehdi reste sur le pas de la porte pour nous avertir de ce qui se passe.

« Priez, c'est maintenant, cette fois-ci c'est pour nous ! »

En chœur, nous récitons la *shahâda*[1]. Si nous professons notre foi au moment de mourir, nous irons au paradis.

« *Ash-adou an lâ ilâha illâ-llâh, wa-ashadou anna Mouḥammadan rasoûlou-llâh*[2]. »

Je serre Nassim contre moi et je ne pense plus à rien. Les explosions semblent proches ; mais elles n'atteignent finalement pas notre immeuble. Nous restons sous ces matelas une éternité

---

1. Profession de foi.

2. J'atteste qu'il n'y a pas de divinité en dehors de Dieu et que Mohammed est l'envoyé de Dieu.

sans bouger, jusqu'à ce que Abou Mehdi nous ordonne enfin de sortir. Il nous fait monter rapidement dans un véhicule.

« Je vais vous conduire en dehors de la ville. C'est vraiment trop dangereux de rester ici. »

D'autres « frères » sont arrivés avec des véhicules pour emmener tout le monde. L'un d'eux prend Nassim dans ses bras pour monter dans l'une des trois voitures. Notre chauffeur roule comme un fou à travers la ville plongée dans l'obscurité. Le voyage est chahuté, je m'accroche au siège pour ne pas voler à l'autre bout de la cabine. Si ça continue, on aura échappé aux bombes, mais on va mourir dans un accident de voiture. Par la fenêtre, j'aperçois dans la pénombre des combattants de l'« État islamique » qui pointent leur *douchka*[1] vers le ciel, espérant atteindre le prochain avion. C'est un véritable enfer. Je me sens engloutie dans les ténèbres de la guerre, embarquée dans un mauvais film d'action. Sauf que tout est vrai et qu'un *happy end* me semble de plus en plus improbable.

1. La DShK ou « douchka » est une mitrailleuse lourde soviétique.

Rencontre sur internet et mariage express

Jumet, avril 2014

Le message *Facebook* de cet Oussama me laisse perplexe. Un type divorcé avec un enfant, ce n'est pas forcément ce que je recherche. S'il a déjà une fille, acceptera-t-il de considérer mon fils comme le sien ? J'ai besoin d'un papa pour Nassim. En même temps, je suis dans la même situation que lui. Divorcée, avec un enfant. Déjà un point commun.

«*Alaykoum assalam*[1], merci pour ton message. Je préfère te le dire tout de suite, je suis aussi divorcée et j'ai un fils de 4 ans.

— Ce n'est pas un problème.

— Comment es-tu tombé sur mon profil ?

— J'ai fait une recherche avec le mot « convertie » et je suis arrivé sur ton profil, « Nora la convertie ».

— OK, et tu habites où ?

— Pour l'instant, je suis en Tunisie chez mes parents, mais j'habite à La Louvière.

— Qu'est-ce que tu penses du *djihad*?

— Je préfère ne pas parler de ce sujet sur *Facebook*. Quand je rentrerai en Belgique, on pourra se voir pour apprendre à se connaitre, si tu veux. »

La conversation se poursuit sur un mode plus léger. Tous les jours, nous échangeons quelques messages, nous parlons de nos

1. Que la paix soit sur vous.

vies, de nos échecs sentimentaux, nous échangeons des photos. Oussama a 30 ans. Il travaille comme vendeur dans un magasin de sanitaires et cherche une bonne musulmane à épouser. À son retour de Tunisie, une semaine plus tard, il propose de venir me chercher à la maison. J'en parle à ma mère. Elle est contente pour moi.

« Vas-y et tu verras bien s'il te plait ! Ça te fera peut-être oublier Mohamed ! »

Oussama vient me chercher vers quatorze heures. Je l'attends au carrefour près de la maison de mes parents. Je sors en avance pour avoir le temps d'enfiler mon voile et mon *abaya* à l'abri du regard de mes parents. Je suis prête quand Oussama arrive. Il n'est pas très grand, porte une petite barbe et est habillé d'un jeans et d'une chemise. Physiquement, il n'est pas vraiment mon genre. En général, je suis attirée par de plus grands gabarits. Je le trouve tout de même très beau. Il a l'air gentil, et le regard doux qu'il pose sur moi me séduit. Il propose de m'emmener à Dinant pour une promenade. Le froid de ce début de printemps n'est pas très encourageant, mais un timide soleil est de la partie. Nous nous promenons sur les berges de la Meuse. Après avoir échangé quelques banalités, j'aborde le sujet qui me taraude.

« Pourquoi tu ne voulais pas parler du *djihad* sur internet ?

— Je suis surveillé à cause de certaines fréquentations.

— C'est-à-dire ?

— J'ai un ami, Abou Malek, qui est allé en Syrie. Il est revenu mais il veut repartir.

— Et toi, tu veux aussi y aller ?

— Oui. J'en peux plus d'ici. J'en ai ras-le-bol. Depuis ma séparation, rien ne va. Je me sens mal ici. Et puis faire la *hijra*, c'est une obligation.

— Oui, je sais. Moi, c'est pareil, je veux partir aussi. Quitter cette vie de merde. Il n'y a que la religion qui peut nous sauver, nous sortir de la souffrance. En Belgique, on ne peut même pas pratiquer le vrai islam. Les musulmans d'ici sont des mécréants. Pour partir, je cherche un homme fidèle. Forcément, ce sera quelqu'un qui honore Allah. Je ne veux pas partir toute seule. En plus, je n'ai pas d'argent.

— T'as raison. Moi, je te respecterais. Tu serais un trésor que je garderais jalousement si tu voulais de moi. Si tu veux partir, on peut mener ce projet ensemble mais, avant, il faudrait qu'on se marie.

— Je vais y réfléchir.

— Et ne t'inquiète pas pour l'argent, je m'en occupe. Mais maintenant, il faut que je te ramène. C'est *haram*[1] de passer du temps ensemble comme ça. On doit éviter les contacts au maximum tant qu'on n'est pas mariés. Enfin, si tu veux bien m'épouser !

— Pourquoi pas ? On verra. »

Oussama me ramène à la maison en fin d'après-midi. Il me promet de vite me rappeler. Le soir même, il m'envoie de nouveaux messages. Il me dit que je lui plais. Nous nous donnons rendez-vous une semaine plus tard pour mettre au point notre projet de *hijra*. Je suis heureuse, je vais enfin avoir la vie de femme dont je rêve avec un homme qui sera là pour moi.

Au rendez-vous suivant, je pose beaucoup de questions. Je commence à m'inquiéter. Mon fils ne manquera-t-il de rien ? Au-

1. Illicite. Antonyme de *halal*.

rons-nous de la nourriture en suffisance ? Est-ce vraiment une si bonne idée ? Oussama trouve les mots pour me rassurer.

« Ne te laisse pas abattre, c'est le *sheitan*[1] qui s'introduit dans ta tête pour te détourner du chemin d'Allah. Il essaie de te décourager. Regarde, je vais te montrer quelques vidéos qui vont te rassurer. »

Sur ces vidéos, des enfants jouent dans un parc. Les djihadistes de Daesh leur distribuent des bonbons. Tout le monde est souriant. Je suis rassurée surtout par ses certitudes. Il a l'air sûr de ce qu'il fait, de la manière dont il faut procéder, de qui il faut contacter. En me laissant guider, je devrais arriver à bon port.

En rentrant à la maison, je parle à ma mère de mon envie de porter des vêtements plus larges, de ne plus me maquiller et, surtout, de porter le voile.

« Laura, c'est hors de question ! Si tu mets un voile, tu ne me verras plus ! T'as pas encore eu assez avec Mohamed qui a dirigé ta vie ? Tu ne vas pas te laisser faire par celui-ci maintenant !

— Maman, ça n'a rien à voir avec lui. C'est ma religion. J'ai le droit de la pratiquer comme je veux. »

Sa réaction me déçoit, mais que pouvais-je attendre d'autre d'une mécréante ? Mon père, lui, n'est au courant de rien. Petit à petit, l'atmosphère change à la maison. Je me replie sur moi-même encore un peu plus. Ce qu'Idriss m'avait prédit se réalise. Mes parents n'acceptent pas complètement mes pratiques religieuses. Je commence à ne plus les voir de la même manière. Il est hors de question que mon fils grandisse dans une famille où

1. Le diable.

l'islam n'est pas toléré. Je ne supporte plus rien. Mon boulot de technicienne de surface dans une institution pour enfants handicapés ne me motive plus. Les travaux dans la maison avancent au ralenti parce que je ne peux injecter qu'un peu d'argent à la fois. Tout est difficile. Je déteste tout le monde.

Avec Oussama, en revanche, nos projets avancent. Il ne veut plus me voir tant qu'on n'est pas unis. La demande en mariage n'est pas très romantique. Par téléphone, il m'explique que nous devons absolument « être dans le *halal* » pour nous voir. La cérémonie est prévue pour le 21 avril. Je suis heureuse de voir son investissement dans notre relation. Il veut vraiment construire une famille avec moi et s'occuper de mon fils. Oussama a tout prévu pour le mariage. Il m'a acheté un jilbab et un niqab noirs.

Le jour J, je descends dans la cuisine avec mon jilbab. Ma mère me regarde, étonnée.

« Laura, qu'est-ce que tu fais dans cette tenue ?

— C'est rien maman, c'est parce que je vais me marier aujourd'hui.

— Pardon ?

— Oui, je me marie avec Oussama, mais ne t'inquiète pas, c'est juste un genre de fiançailles entre nous. Comme vous n'êtes pas musulmans, vous ne pouvez pas venir. De toute façon, il n'y aura pas grand monde. J'aurai un tuteur musulman pour vous remplacer. C'est pour qu'on puisse se voir en respectant les règles religieuses.

— Bon, si c'est juste pour ça… Mais c'est quand même un peu surprenant. Nous n'avons jamais rencontré l'homme que tu épouses aujourd'hui ! Tu te rends compte !

— Maman, s'il te plait… Regarde si papa n'est pas dans le salon pour que je puisse sortir discrètement. Je n'ai pas envie qu'il me voie comme ça. »

Je sors de la maison en courant. Dans ma voiture, je dépose le niqab, caché sous mon jilbab, sur le siège du passager. Je le placerai sur mon visage plus tard. Direction La Louvière. Oussama m'a donné l'adresse d'Abou Malek, son ami qui est déjà allé en Syrie. Le mariage aura lieu chez lui. Abou Malek, lui-même, va nous marier. Il n'est pas imam mais a reçu une formation lui permettant de célébrer les mariages. Je me gare, heureuse de porter un niqab pour la première fois. C'est vrai, je ne connais pas bien Oussama, je ne l'ai vu que deux fois, mais dans le passé, c'était habituel. Nos aïeux se mariaient sans vraiment se connaitre. L'amour venait après le mariage. À cette époque, il y avait moins de divorces, c'est bien la preuve que ça marche ! J'en suis convaincue, ce sera la même chose pour moi. Je vais épouser Oussama et, ensuite, je tomberai amoureuse.

De la voiture, j'envoie un texto pour signaler ma présence à mon futur époux. Il vient me chercher. Une apparition : tee-shirt Hugo Boss, jeans noir, parfumé, mon futur mari me plait.

« Tu es trop beau !

— Et toi tu es belle avec ton niqab. Ça te va très bien !

— Merci. »

Il m'embrasse sur le front et nous entrons dans la maison. Je suis impatiente d'être mariée avec lui. Je me sens importante à ses yeux, ça me comble.

À l'intérieur, je ne vois personne. La maison est toute petite. Des voix d'hommes semblent venir du jardin. Oussama me fait entrer dans une pièce vide. Il me dit de patienter. Quelques minutes plus tard, il vient me rechercher et m'emmène dans la deuxième pièce. Les rideaux sont tirés. Derrière, la baie vitrée est ouverte. Des hommes sont en effet dans le jardin, cachés par ce bout de tissu. Mon « tuteur », celui qui remplace mes parents mécréants, est le beau-frère d'Abou Malek. À travers le rideau, il me demande de prononcer la *shahâda* même si je suis déjà convertie.

« J'atteste qu'il n'y a de Dieu qu'Allah et que Mohammed est son messager. *Ash-adou an lâ ilâha illâ-llâh, wa-ashadou anna Mouḥammadan rasoûlou-llâh.* »

Le futur marié doit maintenant me donner ma dot. J'avais demandé à Oussama de m'offrir le « livre du Tawhid »[1]. Mon tuteur m'informe que mon mari a bien apporté le livre, mais que ça ne sera pas suffisant comme dot. Il doit donner de l'argent. Oussama s'exécute et donne cinquante euros que le tuteur me remet en glissant le billet et le livre en dessous de la tenture.

« Achète ce que tu veux avec cet argent.

— Merci.

— Maintenant, dis-moi si tu veux épouser Oussama.

— Oui.

— Et toi, Oussama, veux-tu épouser Laura ?

— Oui.

— Vous voilà mariés sous la *baraka*[2] d'Allah. »

C'est le tuteur qui parle et pas Abou Malek. Il joue l'intermédiaire puisque, en tant que femme, je n'ai pas le droit de lui

---

1. Livre du sheick Mohamed Ibn Abdel Wahhab, le fondateur du wahhabisme, forme stricte de salafisme.

2. La bénédiction.

parler directement. Abou Malek, sa femme et son beau-frère, mon tuteur, veulent tous partir en Syrie.

Le mariage prononcé, je retourne seule dans la première pièce. Oussama me rejoint. Il me prend dans ses bras et nous mangeons ensemble. Les autres dinent à côté, puis nous laissent seuls dans la maison. Nous allons partager notre premier vrai moment d'intimité ensemble. Jusqu'ici, je n'avais connu que Mohamed. Je suis un peu stressée, mais tout se passe bien. Oussama se montre doux et tendre. Je suis super heureuse, je me sens bien. Nous nous découvrons enfin.

Vers minuit, Oussama me ramène chez mes parents. Nous fixons la prochaine rencontre à la semaine suivante. Abou Malek nous laissera sa maison l'après-midi. Je ne suis pas encore amoureuse, mais je peux à nouveau me projeter dans l'avenir, avec une famille, un homme, un père pour Nassim.

Au rendez-vous suivant, nous parlons de notre projet de départ pour la Syrie. Oussama pense que la meilleure option est de réserver une croisière en Méditerranée.

« C'est plus discret, on risque moins de se faire repérer. Les vols vers Istanbul sont connus pour être empruntés par les candidats au *djihad*. Sur le bateau, nous passerons plus facilement pour une petite famille en vacances.

— T'as raison, et en plus, c'est agréable une croisière !

— Je vais m'occuper de réserver les billets. Ne te soucie de rien, je suis là pour ça, pour te faciliter les choses et prendre soin de toi. Nous serons heureux.

— J'ai quand même encore un peu peur. T'es sûr que Nassim ne manquera de rien, qu'on aura une vie tranquille ?

— T'as bien vu sur les vidéos ? Les « frères » sont tous souriants ! Il y a la solidarité entre nous, on voit bien que les gens sont heureux. Et puis, on aura notre maison, de l'argent. On sera bien.

— C'est vrai. J'ai vu que les enfants s'amusaient dans un parc et recevaient des friandises. Ça fait rêver ! »

Sur ces vidéos montrant la vie quotidienne, aucune trace de la guerre. Je suppose que les combats ont lieu loin des villes. Oussama me rassure sur la sécurité. Nous parlons de la situation sur place. Oussama parle des hommes de Bachar el-Assad qui violent les femmes et tuent les civils. Tous les deux, nous en sommes convaincus, les « frères » de l'« État islamique en Irak et au Levant » sont des sauveurs. Ils protègent le peuple des atrocités du régime syrien, et c'est notre devoir de musulman d'aller les aider. À ce moment-là, je ne me rends pas compte que l'« EIIL » ne vaut pas mieux et massacre aussi des civils. Je suis complètement convaincue du bien-fondé de leurs actions. J'ai la rage contre les mécréants. C'est très bien expliqué dans leurs vidéos, que les infidèles n'acceptent pas notre religion. Ils sont sans pitié et oppriment les musulmans dans le monde entier. En Syrie, je vivrai dans le sentier d'Allah, dans un pays musulman. En plus, je pourrai me rendre utile en soignant les blessés et en aidant les civils.

Tous les dimanches, nous nous retrouvons dans la maison d'Abou Malek. Je présente Nassim à Oussama. Le courant passe bien. Je sens qu'il sera un bon père pour mon fils. Je vais reprendre ma vie à zéro. Début juin, Oussama m'annonce la date du départ.

« Ça y est, j'ai les billets ! Nous partons le 14 juin !

— Génial ! Et comment ça va se passer ?

— Le train pour Venise, puis le bateau. Après, je ne sais pas encore. On devra descendre en Turquie, à Izmir. Ensuite, il faudra se débrouiller pour arriver à la frontière, où des « frères » viendront nous chercher.

— C'est loin ?

— Oui, environ mille-deux-cents kilomètres !

— Comment va-t-on faire ?

— Ne t'inquiète pas, on y arrivera, *inch'Allah*.

— En tout cas, l'idée de la croisière me plait beaucoup ! Je n'ai jamais été en bateau.

— Tu verras, c'est magnifique. Il y a des boutiques, des étages de cabines, des piscines !

— C'est trop chouette ! »

Oussama rit de me voir contente. Je me réjouis du bonheur que ce séjour en bateau va apporter à Nassim. De retour à la maison, j'annonce à ma mère que je compte partir en vacances avec le petit et Oussama.

« C'est un peu rapide, mais si ça te fait plaisir, c'est une bonne chose.

— Je suis super contente, maman !

— Alors, nous aussi, Laura. Tout ce qu'on veut, c'est que toi et Nassim, vous soyez heureux. Et je vois bien que tu es plus souriante, moins déprimée, plus épanouie depuis ta rencontre avec Oussama. Il faudrait quand même qu'il vienne se présenter un jour. Tu vas partir avec lui pendant dix jours et nous ne l'avons jamais rencontré.

— C'est vrai mais, tu sais, il est timide.

— Soit. Ce voyage te permettra de mieux le connaitre et de voir si ça marche ou pas avec lui. »

En réalité, Oussama ne veut pas les voir. De toute façon, nous partons dans deux semaines ; ça ne vaut pas la peine d'organiser cette rencontre. D'un côté, je me sens mal de mentir à mes parents mais, de l'autre, je suis bien décidée à partir. En émigrant en Terre sainte, j'aurai le droit, le moment venu, d'emmener quelques proches avec moi au paradis, même si ce sont des mécréants. Ça m'aide à ne pas trop culpabiliser. Pour tout leur expliquer, je décide d'écrire plusieurs lettres. Mes parents, ma sœur et Mohamed recevront quelques explications sur les raisons de mon départ. Je rédige ces courriers le soir, quand Nassim dort. À mes parents, je raconte que je n'ai pas le choix, que je ne peux plus vivre avec des non musulmans ; je m'excuse de leur faire du mal. Je leur dis que je les aime, mais moins qu'Allah. À ma sœur, je demande de prendre soin des parents et à Mohamed, j'écris que tout le mal qu'il m'a fait a largement contribué à mon départ. La tristesse m'envahit au moment d'écrire ces lettres. Quand j'ai terminé, je m'empresse de cacher les missives dans ma table de nuit.

Pendant la semaine qui précède mon départ, j'essaie de prendre de la distance avec mes parents pour que la séparation soit moins douloureuse. Ce n'est pas facile en vivant continuellement avec eux, mais je parviens à limiter les conversations et à être moins complice avec ma mère. Au boulot, je me comporte le plus normalement possible, même si ce job me pèse de plus en plus. Je me sens mal de ne pas respecter les règles islamiques : ne pas travailler, me couvrir, effectuer toutes les prières quotidiennes. Là-bas, je pourrai suivre ces prescriptions librement. Je conduis le petit à l'école comme d'habitude. Oussama s'occupe de tout, je dois juste penser à mes bagages. Je commande un nouveau jilbab et trois niqabs noirs sur internet. Le paquet est livré dans un point relais, pour éviter que mes parents n'en découvrent le contenu. Malheureusement, ma mère tombe sur le sac dans lequel j'avais caché la marchandise. Obligée de dire que le colis est pour une amie. Un mensonge de plus.

La veille du départ, j'ai des difficultés à trouver le sommeil. Je pense à l'aventure extraordinaire que je vais vivre. C'est la première fois que je pars aussi loin de chez moi. J'ai déjà été en Turquie pour des vacances à Kusadasi avec Mohamed. Cette fois, il ne s'agit pas de vacances avec un homme infidèle, mais du début de ma nouvelle vie, avec un mari pieux et respectueux. Un voyage vers un inconnu plein de promesses.

Quand le sentier d'Allah devient la voie sans issue du califat

Les voitures s'arrêtent enfin. Je respire. Nous sommes chez Oum Zoubir, la sœur d'Oum Malek. Tous les passagers du convoi entrent dans la maison. Les hommes décident de repartir dormir dans l'appartement en ville pour nous laisser plus d'espace. Au loin, on entend encore les bombardements, mais je me sens un peu plus en sécurité. La maison d'Oum Zoubir est agréable. Il fait propre et, comble du luxe, il y a une baignoire. J'installe Nassim près de moi. Toute la troupe s'endort, épuisée par cette soirée que je ne risque pas d'oublier de si tôt.

Au réveil, tout le monde est encore un peu groggy, les regards sont graves. Nous déjeunons presque en silence et le groupe se disperse. Les hommes viennent rechercher leur femme. Chacun rentre chez lui. Moi, je préfère rester ici, je n'ai aucune envie de retourner dans le centre-ville. Oum Zoubir accepte. Elle est enceinte et son mari, le policier encagoulé, est d'accord de m'accueillir. Il se dit que je pourrai lui donner un coup de main dans la maison.

Au moins ici, il y a internet. J'en profite pour parler avec mes parents et ma sœur. Nos conversations sont de plus en plus fréquentes ; ça me fait du bien. Ma mère me parle souvent des moments heureux que nous avons vécus ensemble et me demande de revenir. J'avais décidé de prendre mon mal en patience en attendant le retour d'Oussama, mais les bombardements m'ont traumatisée et mon envie de revenir en Belgique a repris le dessus.

« Maman, je veux rentrer. C'est trop dangereux. Je n'imaginais pas que la vie serait comme ça ici.

— Reviens, Laura, on t'attend. Vous nous manquez.

— Tant qu'Oussama n'est pas revenu de son entrainement, ça va être difficile. Je ne sais pas comment faire pour repartir. »

Oum Zoubir sait que je communique avec mes parents mais elle ne se doute ni de la teneur de nos conversations ni de mon envie de fuir. Elle et son mari savent seulement que j'ai peur de mourir. D'ailleurs, ils ne se gênent pas pour se moquer de moi. Oum Malek aussi aime me tourner en ridicule. Elle est là pour quelques jours. Je suis en train de faire la sieste quand elle me réveille.

« Oum Nassim, réveille-toi ! Bachar el-Assad a préparé des bombes chimiques pour rayer Al-Bab de la carte ! »

Je fonds en larmes. Elle ricane avec Oum Zoubir. Elles sont complètement folles, je ne peux pas leur faire confiance. Il faut à tout prix que je parte d'ici. J'en ai tellement marre que je décide de m'enfuir sur-le-champ, sans réfléchir à un moyen de sortir du pays quand j'aurai quitté cette maison. J'attends qu'elles s'assoupissent pour préparer mon sac. J'attrape Nassim. Nous traversons la pièce où elles sont endormies, mais Oum Malek m'interpelle.

« Qu'est-ce que tu fais ?

— Je n'en peux plus, je m'en vais.

— Attends, ton mari va bientôt rentrer, ça va aller, ne t'inquiète pas. »

Oum Zoubir se réveille à son tour. Le ton qu'elle utilise pour me retenir me fait froid dans le dos.

« Où tu comptes aller comme ça ? Tu vas te faire attraper. De toute façon, si tu passes le pas de la porte, je te dénonce directement à la police. Ils te tortureront, ils n'ont aucune pitié. »

Dès que son mari rentre le soir, Oum Zoubir lui parle de ma tentative de fugue. Abou Zoubir réclame mon téléphone portable et coupe internet. Je ne peux plus avoir de contact avec mes parents. Ils me disent que c'est pour mon bien.

« Tu pètes les plombs parce que tes parents te montent la tête ! Il faut apprendre à vivre sans eux, un point c'est tout. Relis la sourate 19 où il est question de Marie. Cette femme vertueuse s'est coupée des siens pour se rapprocher de Dieu. Prends exemple sur elle. »

Cette manie de se référer aux textes sacrés, qu'ils interprètent comme ça les arrange pour asseoir leurs règles, commence à m'agacer.

La surveillance ne cesse de s'intensifier depuis mon arrivée. La prise en charge de l'éducation de Nassim est l'étape suivante. Jusqu'ici, j'avais réussi à le préserver, mais maintenant, des « frères » l'emmènent à la mosquée et en balade, pour l'« éduquer », disent-ils. Ces sorties ne me sont jamais annoncées. Je dois m'adapter. Je redoute en permanence qu'ils viennent le chercher. Abou Anas est celui qui s'en occupe le plus souvent. Je dois dire qu'il gâte le petit en lui offrant de la nourriture, mais je sais que c'est une méthode pour mieux capter son attention. Les hommes lui montrent leurs armes. Le petit est très intéressé. Pour un garçon de cet âge, c'est un jeu. Un combattant lui a d'ailleurs offert une kalachnikov en plastique et une cagoule noire.

Je n'aime pas l'influence que les « frères » ont sur Nassim. Il revient toujours très excité de ses sorties avec eux. Ils essaient de lui inculquer la haine des mécréants, le guident vers la violence, comme cette fois où le petit est rentré à la maison avec un ours en peluche et un couteau en plastique. Avec ces jouets, des types lui ont montré comment égorger. Comment peut-on apprendre de telles choses à des enfants ? Profondément choquée, j'ai expliqué à Nassim que ce n'est pas bien, que les ours en peluche doivent être câlinés et pas égorgés. Il m'a dit qu'il a refusé de faire du mal à son nounours. Je suis fière de lui. À l'avenir, je ferai tout pour lui éviter au maximum ces sorties avec les hommes de Daesh, même si je sais que je n'aurai pas toujours le choix.

Un jour, Abou Zoubir emmène Nassim en plein bombardement. Un cauchemar. Je me morfonds, je pleure. Oum Zoubir reste insensible.

« J'espère qu'ils vont revenir. J'ai peur, Oum Zoubir ! Je ne veux pas perdre Nassim.

— *Inch'Allah*, si aucune bombe ne tombe sur eux ! »

Cette phrase, je ne l'oublierai jamais. Un coup de poignard, un déclic. Un de plus. Un argument, aussi, pour renforcer encore ma détermination à rentrer chez moi et retrouver les miens. Mais pour y arriver, je vais devoir ruser. Il faudra jouer le jeu, rentrer dans le rang pour ne pas m'attirer d'ennuis. Il reste quinze jours avant le retour d'Oussama. Deux semaines de patience, et puis je lui dirai qu'il doit me faire sortir d'ici.

Les jours s'écoulent lentement. Je cuisine pour tout le monde avec le peu de nourriture à notre disposition. On ne se parle presque pas. C'est le ramadan, Oum Anas et Oum Malek sont là très souvent. Avec Oum Zoubir, elles forment un trio inséparable et ligué contre moi. Tous les soirs, Abou Zoubir rentre à la maison. Quand il arrive, je suis obligée de me retrancher dans ma pièce. Pour sortir, je dois frapper deux fois à la porte. S'il frappe à son tour, ma sortie est autorisée après dix secondes, le temps qu'il quitte la pièce. S'il ne répond pas, je dois attendre. Me rendre aux toilettes ou à la douche implique chaque fois ce même protocole de passage. C'est une pratique courante dans la vie quotidienne sous Daesh. La mixité doit être évitée au maximum. Il est arrivé que l'on se croise malgré tout. Mais je n'ai jamais vu son visage puisqu'il garde sa cagoule en permanence, y compris dans la maison. Même ses amis ne peuvent pas voir son visage. À l'occasion d'un repas où il a mangé à part des autres hommes, j'ai tenté d'en savoir plus en interrogeant son épouse.

« Pourquoi ton mari ne mange-t-il pas avec les « frères » ?

— Parce qu'il ne veut pas enlever sa cagoule devant eux.

— Mais ce sont ses amis quand même.

— Il préfère ne faire confiance à personne.

— Mais pourquoi ne pourrait-il pas leur montrer son visage ?

— Avant de rejoindre la police, il était combattant en Irak. Là-bas, il a égorgé, torturé et tué beaucoup de *kouffar*. Maintenant, il se méfie de tout le monde. Il peut y avoir des traitres même parmi nos amis. Donc, il préfère rester anonyme. »

Oum Zoubir me parle de son mari et de ses exactions avec beaucoup de fierté. J'écoute, impassible, mais impressionnée par autant de cruauté. J'espère qu'Oussama ne devra pas faire ce genre de choses après son entrainement, je ne le supporterais pas.

Cet homme sans visage a, malgré tout, un meilleur ami. Il s'appelle Abou Brahim. Comme Abou Zoubir, il est policier. Ce célibataire cherche une fille à marier. Pour lui trouver une bonne épouse, c'est simple, les deux hommes nous conduisent un jour à la maison de femmes d'Al-Bab. Abou Zoubir et Abou Brahim attendent à l'extérieur. Je rentre dans la *madafa* avec Oum Zoubir. Nassim nous suit. La patronne nous indique où trouver les francophones. Pour aborder les filles, nous prétendons être là simplement pour leur rendre visite, sans parler immédiatement de mariage. Je discute avec une femme divorcée de 19 ans. Tout de suite, elle me dit chercher un mari français. Cette fille sait ce qu'elle veut ! Son prétendant devra être d'origine algérienne et avoir entre 19 et 20 ans. J'informe immédiatement Oum Zoubir, qui prend le relais.

« Ça t'intéresserait, un homme de 23 ans ? Il est tunisien et parle français.

— Pourquoi pas... Oui, je suis intéressée !

— OK, on va organiser une *mouqabala*[1] !

— D'accord ! Merci, je suis super heureuse. »

Nous ressortons avec un sentiment de mission accomplie. La jeune femme est super sympa, parle arabe et français, et en plus, elle est vraiment très jolie. Exactement ce qu'il nous faut. Puisqu'on ne peut pas adresser la parole aux hommes, Oum Zoubir se charge d'informer son mari, qui explique tout à Abou Brahim. Tout le monde est content. La *mouqabala* est organisée quelques jours plus tard chez les Zoubir. La jeune femme est emmenée dans une pièce. Elle est vêtue de son niqab et attend de rencontrer son prétendant en tête à tête. Aucun autre adulte ne sera présent dans la pièce, mais pour garantir une rencontre

1. Rencontre organisée entre un homme et une femme pour leur permettre de faire connaissance, dans un cadre respectueux de certaines règles religieuses, en vue d'un éventuel mariage.

complètement chaste et pure, nous laissons les enfants avec eux. Les deux candidats au mariage restent ensemble une bonne demi-heure. Abou Brahim a le droit de demander à la jeune femme de lui montrer son visage, mais ce n'est pas obligatoire. Le mariage est célébré peu de temps après, lors d'une cérémonie rapide et efficace. Les jeunes mariés ont besoin d'une maison. Ils vont s'installer dans celle des Zoubir, qui ont trouvé un autre logement. Je me prépare à déménager, mais je ne sais pas encore que, cette fois, ce sera pour retrouver Oussama.

Al-Bab, aout 2014

Le ramadan est terminé depuis quelques jours. Un soir, Abou Zoubir s'éclipse. Personne ne me dit qu'il part chercher Oussama dans le centre d'Al-Bab. Je suis dans ma pièce en train de lire le Coran, comme très souvent à cette heure-là. Nassim déboule dans la chambre en hurlant.

« Oussama est là ! Oussama est là ! »

Je bondis du matelas. Il est déjà là, dans l'embrasure de la porte. Il me serre dans ses bras. Je sens ses os. Il a affreusement maigri. Son apparence me préoccupe.

« Comment est-ce possible d'avoir perdu autant de poids ?

— T'inquiète pas, c'est à cause des entrainements.

— Je suis tellement contente de te revoir ! C'était interminable sans toi. Pourquoi es-tu resté si longtemps ?

— Il manquait de place dans les camps d'entrainement, tellement il y a de nouvelles recrues ! J'ai dû attendre pour commencer le programme.

— Et qu'est-ce que tu as fait là-bas ?

— Toutes sortes d'exercices physiques. Des cours de religion et beaucoup de prières.

— Tu vas combattre ?

— Non, je ne crois pas. Ce n'est pas mon truc. J'ai demandé une autorisation pour venir travailler à Al-Bab, pour être auprès de toi.

— Qu'est-ce que tu vas faire comme boulot ?

— Je ne sais pas encore. J'attends les instructions de l'*émir*[1] qui doit me prendre en charge. Mais, s'il te plait, ne me pose pas trop de questions. »

Il est tellement fatigué qu'il s'endort immédiatement. Je le regarde en pensant à la vie de famille qui nous attend. Je me sens tellement soulagée de quitter la maison des Zoubir. J'en oublie mon envie de rentrer en Belgique.

Le lendemain, nous partons tôt. Abou Brahim nous conduit. Notre nouvelle demeure est le studio d'un « frère » qui a décidé de mourir en martyr. Il va commettre un attentat-suicide dans les prochains jours. C'est particulier de reprendre un logement dans ces conditions, mais je me dis que cet homme est un héros ; il aura une belle place au paradis[2]. L'homme a tout laissé, nous avons même récupéré ses meubles. J'ai hâte d'arriver. Nous devrons payer un loyer pour le studio, alors qu'on nous avait promis une maison gratuite avec piscine et confort

1. L'*émir* est celui qui donne les ordres. Le groupe terroriste a mis en place une série d'*émirs* au niveau régional, qui ont des représentants à leur service au niveau local.

2. C'est en tout cas ce que la propagande de l'« État islamique » promet. Je sais aujourd'hui que c'est une manipulation. Daesh n'hésite pas à détourner les textes sacrés, en les retirant de leur contexte, pour convaincre ses adeptes de se transformer en chair à canon. En islam, le suicide est interdit, la vie de chaque homme compte. Seul Allah peut décider de l'heure de notre mort.

luxueux. Pour en bénéficier, il fallait accepter d'aller vivre dans des zones isolées. J'ai refusé car les filles m'ont raconté que ces demeures sont souvent attaquées. Sans compter qu'il n'y a aucun commerce dans les alentours et que les serpents du désert peuvent facilement entrer dans ces maisons.

Le trajet n'est pas très long. Le studio se situe à quelques minutes seulement de la maison des Zoubir. Le quartier ressemble aux autres, avec des immeubles accolés et une petite épicerie. Dans la rue, des enfants jouent. Nassim les regarde avec intérêt. Notre arrivée ne passe pas inaperçue. Les kalachnikovs portées par les hommes et mon style de burqa marquent notre appartenance à l'« État islamique ». Beaucoup moins larges, les niqabs des Syriennes sont aussi moins couvrants au niveau des yeux. Ils laissent apparaitre les sourcils. C'est interdit pour les femmes de l'« État islamique » qui, de toute façon, portent un *sitar*[1]. Autre privilège des Syriennes : elles ont le droit de se promener seules ! J'ai interrogé des sœurs au sujet de cette tolérance à leur égard. Elles m'ont répondu que nous devions montrer l'exemple et que, pour les « frères », nous sommes des femmes respectables parce que nous sommes plus pieuses que les Syriennes. Je ne comprends pas très bien la logique ni pourquoi les « frères » sont plus stricts avec nous qu'avec elles, mais je dois bien me contenter de cette explication.

Le studio se situe au troisième étage. Nous montons à pied, il n'y a pas d'ascenseur. Derrière la porte d'entrée défraichie, notre nid. Ça fait des semaines que j'attends ce moment. La désillusion ne va en être que plus fracassante. La porte s'ouvre sur un salon garni d'un épouvantable canapé. Muni d'accoudoirs en bois doré, il est couvert d'un vieux tissu fleuri dans les tons

1. Voile qui complète le niqab. Ce tissu permet de cacher le regard de la femme mais est suffisamment fin pour lui permetre de voir au travers.

vert et blanc. Ces couleurs me fichent immédiatement le cafard. À droite, une porte donne sur l'unique chambre, équipée d'un vieux matelas. Dans le fond de la pièce, un rideau miteux cache une cuisine de fortune. Près de la « cuisine », des toilettes turques servent aussi de douche et un escalier mène vers le toit plat. L'endroit est sale et repoussant. Que suis-je venue faire ici ? On est loin du tableau idyllique dépeint avant mon départ. La porte d'entrée refermée, nos regards hébétés se croisent. Nous rions pour ne pas pleurer. Oussama est d'accord avec moi, il est hors de question de rester ici.

« C'est vraiment très moche. Je vais nous chercher autre chose. En attendant, on devra s'en contenter. Le côté positif, c'est qu'il y a plein d'enfants dans le quartier. Nassim se fera vite quelques amis.

— OK, allons faire quelques courses, je vais avoir besoin de produits pour nettoyer tout ça. »

On est directement partis en exploration dans le centre-ville. J'en profite pour acheter les denrées qui m'ont manqué chez les Zoubir et aussi des sucreries. C'est la première sortie qu'on fait ensemble, c'est aussi la première fois que je suis confrontée directement à la barbarie de Daesh. Sur une place du centre de la ville, j'aperçois un cadavre attaché à un poteau, la tête posée à côté du corps. Nassim le voit aussi.

« Regarde, maman !
— Ferme les yeux tout de suite ! Ne regarde pas ! »

Des enfants jouent autour du corps de ce malheureux ; ils lui donnent des coups de pied, des coups de couteau et crachent sur sa tête. Je suis sidérée. Oussama m'explique que c'est un traitre. Les décapitations ont lieu tous les vendredis. Les corps sont systématiquement exposés à la vue de la population. Parfois, il y a aussi des crucifixions. Je reste complètement choquée par ce macabre spectacle. Je savais en théorie que cela existait, mais je ne l'avais jamais vu. Ils ont beau nous expliquer que c'est mérité, qu'il y a de bonnes raisons, que ce sont des ennemis qui veulent nous détruire, je sens au fond de moi qu'ils tuent pour un oui ou pour un non ; il ne peut pas y avoir de bonnes raisons, de toute façon. Il suffit de mal répondre à une question pour être considéré comme un traitre. Du jour au lendemain, n'importe qui peut passer dans la catégorie des infidèles : un homme, une femme, un enfant. Ils n'ont aucune pitié. Je suis contente d'avoir retrouvé Oussama, mais je ne vais pas pouvoir vivre dans ce monde de barbares. Il faudra que je trouve le courage de lui en parler.

Plus loin, des hommes sont agglutinés autour d'une cabane en bois. Ils regardent des écrans sur lesquels défilent des images de propagande. On peut y voir et entendre les nouvelles de l'« État islamique », mais aussi lire leur journal. L'endroit est réservé aux hommes. En passant à côté, je ne regarde pas trop car mes yeux ne peuvent pas croiser ceux d'un autre homme, même couverts du *sitar*. Nous passons notre chemin. Sous ce voile intégral, j'ai du mal à respirer. Mon champ de vision est réduit, mais, malgré tout, je suis fière de le porter. Non seulement j'ai l'impression de respecter mon mari en ne me montrant à aucun autre homme, mais en plus, mon mari n'est soumis à aucune tentation quand il se promène dans la rue. Enfin, presqu'aucune. Il y a bien ces Syriennes qui se baladent impunément avec du maquillage et des talons sous leur niqab, alors que nous ne pouvons sortir qu'en baskets. Si j'osais faire cela, en tant que femme de l'« État islamique », je risquerais d'être fouettée ! La *hisba*, la police religieuse de l'« État islamique », circule partout. Sa mission est la promotion de la vertu et la prévention du vice; elle veille à la bonne application de la charia. Il faut suivre les règles religieuses à la lettre, comme la *salât*. Les magasins doivent fermer leurs portes pendant les moments de prière, la police y veille. Pas question de trainer dans la rue à ce moment-là. Mais ceux qui m'effraient le plus, ce sont les « agents secrets ». Ils ont beau être « secrets », on les repère facilement. Ils portent une cagoule et sont armés jusqu'aux dents. Ils contrôlent la ville, repèrent les traitres et appliquent les punitions selon la charia. Ce sont des bourreaux. Ils torturent et tuent sans scrupule.

En rentrant à la maison, je reçois un appel de mes parents. Sur le toit de notre immeuble, j'arrive à capter un réseau. Chez les Zoubir, je n'avais plus le droit de communiquer ; ça fait des jours que je ne leur ai pas parlé. Ils doivent être morts d'inquiétude.

« Allô ?

— Laura ! Comment ça va ? Papa a essayé de t'appeler tous les jours ! Que se passe-t-il ?

— Ne vous inquiétez pas. Je ne pouvais plus téléphoner, mais maintenant qu'Oussama est rentré, vous aurez de mes nouvelles plus souvent.

— Laura, est-ce que tu veux revenir ? Nous sommes prêts à venir te rechercher, si tu le souhaites.

— Maman… c'est compliqué. »

Je ne sais plus où j'en suis. J'ai envie de fuir et, en même temps, de rester encore un peu. Ce que j'attendais depuis longtemps est enfin arrivé. Je vais vivre avec Oussama, on va former une vraie famille dans un pays islamique. Finalement, ce n'est pas le moment de faire marche arrière. En plus, je n'ai encore rien dit à Oussama de mon envie de rentrer en Belgique. Il vient de terminer l'entrainement, et ces premiers moments partagés ici, avec lui, sont plutôt agréables. Il y a beaucoup de choses qui me déplaisent profondément, comme la scène macabre de cet après-midi, mais j'ai quand même envie de voir comment ça va se passer maintenant qu'il est là. En fait, je ne sais plus ce que je dois faire.

De retour dans notre studio miteux, je me mets immédiatement au travail pour rendre notre « nid » habitable. Je frotte tout l'après-midi comme une acharnée, comme si ma vie en dépendait.

Les premiers jours s'écoulent tranquillement. Oussama reste avec nous en attendant les instructions de l'*émir*. Tout de suite, il achète une voiture, ce qui nous facilite la vie. Je profite de ces instants précieux. Nassim semble heureux, malgré des conditions de vie un peu rustiques. Il n'y a de l'électricité que quelques heures par jour, mais nous mangeons mieux. J'ai l'impression de vivre presque normalement. Un matin, l'*émir* va siffler la fin de la « récréation ». Oussama va devoir servir Daesh, c'est quand même pour ça qu'il est venu ! L'*émir* lui confie un poste à responsabilité : distribuer les salaires des « frères », qu'ils soient combattants, manœuvres sur des chantiers ou employés dans l'administration. Tous les jours, il aura une tournée à effectuer pour payer les « salariés » de l'« État islamique ». Il reçoit un ordinateur pour ce travail et doit rendre des comptes clairs de ce qui a été quotidiennement distribué. À l'exception des postes « hiérarchiques », les salaires ne dépendent pas du type de travail, mais du nombre de membres que compte la famille. En Belgique, on nous avait promis une grosse rétribution, sans jamais nous donner de montant. En réalité, chaque famille reçoit cinquante euros par adulte et vingt-cinq par enfant. Nous disposerons donc de cent-vingt-cinq euros pour vivre chaque mois. Ce n'est pas beaucoup, mais ça devrait être suffisant pour subsister ici. Pour la nourriture, il est possible de s'en sortir avec cinquante euros par mois, sans la viande. De toute façon, il nous reste un peu d'économies pour parer aux fins de mois difficiles. La journée, je reste avec Nassim à la maison. Oussama a laissé des armes chez nous, au cas où il faudrait se défendre en son absence. Je suis incapable de m'en servir.

« C'est bien gentil de vouloir nous aider à nous protéger, mais le temps que j'attrape une arme et que je parvienne à l'amorcer, je suis déjà morte deux fois !

— Je sais, mais je préfère quand même que vous soyez armés. »

Oum Malek et son mari ont emménagé en dessous de chez nous avec toute leur famille. De temps en temps, je vais chez eux pour papoter avec les femmes. Nassim joue avec les enfants devant la maison. Un endroit sûr à mes yeux, jusqu'au jour où je crois vraiment qu'il a été kidnappé. Cet après-midi-là, Nassim joue comme d'habitude. Ne le voyant pas revenir, je descends dans la rue pour l'appeler. Il n'y a personne. Je panique. Je hurle son nom en pleurant. Alertée par mes cris, Oum Malek me rejoint. Nassim reste introuvable. J'imagine le pire. Il a peut-être été kidnappé par les hommes de Bachar el-Assad ! Ils vont le torturer et le tuer ! Oussama arrive dans le quart d'heure, alerté par les voisins. Il décide de prier avant de partir à la recherche du petit. La prière à peine terminée, nous apercevons la petite silhouette de Nassim au loin. Il court vers nous en pleurant.

« Où étais-tu, Nassim ? J'ai eu si peur !

— Un monsieur m'a dit d'aller avec lui prier à la mosquée. Après, il m'a laissé tout seul et je ne retrouvais pas la maison.

Mes amis m'ont montré le chemin. Mais je suis tombé, j'ai mal au genou !

— Nassim, tu ne dois pas parler aux gens que tu ne connais pas ! Et ne pars jamais sans me prévenir ! »

J'ai vraiment cru que je ne le reverrais plus jamais. Comment faire pour avoir un œil sur son enfant qui joue quand on ne peut pas sortir ? En tant que femme, je n'ai pas le droit de m'asseoir seule devant la maison pour surveiller les enfants. J'ai juste le droit de jeter un œil de temps en temps.

Oussama est fou de rage. Il veut retrouver le type qui a emmené Nassim. Il se met à sa recherche. Je me demande ce qu'il va lui faire !

Le soir, nous nous remettons de nos émotions autour du repas quand Oussama me dit qu'il a retrouvé l'homme. C'est un Syrien. Il ne lui a pas fait de mal, mais l'a sérieusement mis en garde. Ça me rassure un peu. Épuisés, nous nous endormons tous les trois, serrés l'un contre l'autre, sur notre vieux matelas. Un étrange chatouillement me réveille à peine une heure plus tard. Je n'ose pas bouger jusqu'à ce que je me rende compte qu'il y a une bestiole qui se promène sur mon bras. Je hurle. Oussama se réveille. Il m'éclaire avec son téléphone, mais ne voit rien.

« Tu as certainement rêvé. Rendors-toi maintenant. »

Je me recouche, pas très rassurée. Le matin, je m'éveille la première. En soulevant des vêtements, je tombe sur un énorme cafard. Je n'avais donc pas rêvé ! Je n'avais jamais vu un insecte aussi gros de ma vie. Le dégout me saisit, j'ai envie de vomir. À partir de ce jour, je ne passerai plus une seule nuit tranquille.

Tous les soirs, je monte la garde, je surveille les allées et venues des cafards. Je les écrase quand ils s'approchent de mon fils. En fait, il y en a énormément, mais on ne les voit qu'à la nuit tombée. Je décide de laisser une lumière dans la chambre pour les éloigner. Cette stratégie va me faire découvrir une autre espèce de bestiole encore plus dégoutante : une grosse bête noire avec des yeux rouges. Contrairement aux cafards, elle est attirée par la lumière. L'appartement est infesté d'insectes. Les murs s'effritent, le plâtre tombe du plafond. Il faut vraiment qu'on parte d'ici. Mon envie de rentrer en Belgique me reprend furieusement, mais je n'en ai toujours pas touché un mot à Oussama.

En attendant, les journées s'écoulent toujours de la même manière, entre les travaux ménagers, le temps consacré à Nassim et quelques discussions avec Oum Malek. Cette vie commence à m'ennuyer. D'autant qu'Oussama rentre tard et que je me sens de plus en plus faible. Je ne sais pas ce qui m'arrive, mais j'ai complètement perdu l'appétit. Je me sens épuisée. Certains jours, je ne peux même plus me lever. Oussama est inquiet et passe parfois dans la journée pour voir comment je vais. Il dit que je devrais aller à l'hôpital, mais je ne veux pas quitter Nassim. S'il m'arrive quelque chose, que va-t-il devenir ? Les nausées et les vomissements vont me mettre sur la voie de la maladie que je viens d'attraper. Un retard de règles achève de me convaincre qu'il est temps que je me procure un test de grossesse.

Enceinte ?

Al-Bab, fin aout 2014

Avoir un bébé ici, maintenant. Je n'avais pas du tout pensé à ça, mais j'aurais dû m'y attendre. Les femmes de la *madafa* de Raqqa m'avaient dit d'arrêter la pilule. La contraception, c'est *haram*. J'ai pourtant fait attention, et mon homme n'est pas rentré de l'entrainement depuis très longtemps. Mes nausées sont peut-être simplement dues à une mauvaise alimentation. Pour en avoir le cœur net, Oussama se procure un test à la pharmacie. Négatif. Il est un peu déçu ; avoir des enfants est conseillé par Daesh. Il faut peupler l'« État islamique » de bons musulmans, disent-ils. Je pense qu'ils ont surtout besoin d'une relève pour remplacer les combattants blessés et les martyrs. Les femmes sont uniquement là pour faire des gosses, c'est tout. Je vois bien que nous ne servons à rien d'autre : procréer, faire le ménage et assouvir les désirs des hommes. Quand j'étais encore en Belgique, la propagande de Daesh m'avait vendu que je pourrais devenir infirmière. En réalité, ici, les femmes sont presque toutes recluses. Quand leur mari meurt au combat, on les remet dans une *madafa* en attendant de les remarier. Ces maisons pour femmes sont de vrais « stocks de ventres ». La manière dont les soldats du califat considèrent les filles me semble de moins en moins romantique.

Avant de partir, je voyais l'attitude respectueuse envers les femmes, argument distillé pour nous convaincre. Je commence à comprendre aujourd'hui que nous ne sommes que de vulgaires marchandises. C'est évidemment encore plus vrai pour les femmes réduites en esclavage comme les Yézédies ou les filles d'autres minorités. Un soir, Oussama me montre comment se passe la vente d'esclaves sur internet. Tout d'abord, les femmes et les filles capturées sont vendues sur le marché aux esclaves de Mossoul ou de Raqqa. Elles sont « triées » en fonction de leur âge, de leur beauté, de leur minceur et de leur virginité. Ce sont ces « critères » qui fixent le prix. Plus la femme est jeune, mince et belle, plus elle vaut de l'argent. Le prix monte encore si elle est vierge. Une fois achetée par un « frère », si celle-ci ne lui convient plus, il peut la revendre à sa guise via internet. Il suffit de poster une photo et de faire monter les enchères. Oussama me montre quelques offres de prix. C'est un véritable marché de « deuxième main ». Ça me révolte.

« Ça me fait mal au cœur de voir ces femmes et ces gamines comme ça. En plus, elles se font violer !

— Je sais. Parfois, elles sont très jeunes. Mais, tu sais, si les hommes d'el-Assad attrapent nos femmes, ils leur font la même chose. Ils leur envoient de l'électricité dans les parties intimes et tapent leurs enfants contre les murs.

— C'est horrible, ce que tu racontes ! Mais ces marchés aux esclaves aussi !

— Certains « frères » sont corrects avec elles mais, de toute façon, ça ne m'intéresse pas. Je ne veux pas d'esclave.

— Moi non plus ! Et en plus, je ne veux pas d'autre femme à la maison, esclave ou pas esclave. »

Cette discussion surréaliste s'arrête là. Quand j'y repense, cette justification qui consiste à dire que ces femmes peuvent être réduites à l'esclavage parce que le régime fait la même chose me heurte profondément.

Les jours se suivent et mes symptômes ne passent pas. Les nausées, la fatigue et une baisse de moral me décident à accepter de consulter à l'hôpital. Oussama me le propose depuis au moins une semaine. Nous arrivons dans une clinique syrienne privée, en pleine ville. À ce moment-là, j'ignore que l'« État islamique » a ses propres hôpitaux dans lesquels nous aurions pu recevoir des soins gratuits.

Comme je ne parle pas arabe, Oussama prend les choses en main. Il s'adresse à la secrétaire en lui parlant derrière un voile. Un médecin va me recevoir, mais je devrai le rencontrer seule. Oussama n'a pas le droit de m'accompagner. Dans ces moments-là, je maudis la non-mixité imposée par l'« État islamique ». Sur papier, ça me plait, mais au quotidien, ça n'a rien de pratique. Pour m'aider à communiquer avec le médecin, une autre patiente a accepté de m'assister.

Dès que j'entre dans la salle d'attente, les regards des Syriennes se posent sur moi. Avec mon *sitar,* typiquement porté par les femmes de Daesh, je suis tout de suite repérée. J'ignore si c'est pour cette raison, mais je vais être reçue avant tout le monde. Je sens que ce privilège crée une tension dans la salle d'attente. Le médecin, une femme, me demande de dévoiler mon visage. Elle ne m'examinera pas si je ne le lui montre pas. Après avoir palpé mon ventre, elle décide de chercher la cause de mes soucis à l'aide d'une échographie. Le diagnostic ne se fait pas attendre.

« *Hamil! Hamil*[1] *! Baby!* »

Je reste figée. Je ne m'y attendais pas puisque le test de grossesse s'était révélé négatif. Je ne suis ni contente ni mécontente. Juste déroutée. Sous le coup de la nouvelle, je ne dis rien en sortant

---

1. Enceinte.

du cabinet médical. Oussama se demande vraiment ce qu'on vient de m'annoncer.

« Alors, que t'a dit le médecin ? Tu n'as pas l'air bien.

— Je suis enceinte.

— C'est magnifique, *mashallah*[1] ! Je suis super heureux ! Pour fêter ça, nous allons manger en ville. On va passer la journée ensemble. »

Nassim fait des bonds, il rêvait d'avoir un petit frère ou une petite sœur. J'ai du mal à intégrer l'information. Ça me parait irréel, mais voir le bonheur de mes deux hommes me fait plaisir. J'appelle immédiatement mes parents pour leur annoncer la nouvelle.

« Allô, maman ? C'est Laura. Je dois te dire quelque chose.

— Qu'est-ce qui se passe, Laura ? Rien de grave, dis-moi ?

— Maman, je suis enceinte.

— …

— Tout va bien, ne t'inquiète pas.

— Mais comment tu vas faire là-bas ? Tu sais que tu auras besoin d'une césarienne ! »

La panique m'envahit. Je n'avais plus pensé à ça. C'est vrai que Nassim est né par césarienne, car mon bassin est trop étroit. Je risque d'avoir le même problème cette fois-ci !

« Maman… Comment je vais faire maintenant ?

— Il faut que tu rentres ! Laura, tu ne peux pas rester là-bas au milieu des bombes, dans un pays en guerre.

---

1. Comme Allah le veut.

— Je sais, mais c'est très compliqué de quitter ce pays.»

J'explique le problème de la césarienne à Oussama. Il tente de me rassurer en me promettant de trouver un meilleur hôpital, mais l'angoisse inonde déjà les moindres recoins de mon esprit et de mon corps.

«Il vaudrait peut-être mieux que je rentre accoucher en Belgique?

— Sois patiente, les choses vont s'arranger ici. On va trouver une solution.

— Je me demande si on a bien fait de venir en Syrie. T'as vu dans quoi on vit ? Et on va avoir un bébé!»

Oussama ne comprend pas mes doutes. Je sens qu'il est vraiment bien endoctriné. L'entrainement et les réunions tous les soirs avec d'autres djihadistes ont fait leur effet. Il me dit d'être patiente, que les choses vont s'améliorer. Son ton de voix est toujours calme et posé. Ça me rassure. Nous parlons beaucoup. J'oscille sans cesse entre cette envie de déguerpir et celle de rester. Certains jours, je ne supporte plus cet enfermement. Nous sortons peu, mes parents me manquent, j'ai peur de mourir ici. D'un autre côté, Oum Malek et Oum Zoubir m'ont dit que si je rentrais, les autorités me prendraient mon fils. Un argument imparable pour me faire passer l'envie de fuir. Elles savent sur quel bouton appuyer pour me convaincre de rester. Elles sentent ma fragilité et mes hésitations, même si j'essaie de ne rien laisser transparaitre. Pour me tester, elles jouent souvent la provocation. Elles me montrent des vidéos de propagande particulièrement violentes: des exécutions, des décapitations comme celle du journaliste James Foley. Ces images sont insoutenables, tellement inhumaines. J'ai le cœur qui se retourne devant de telles atrocités. Elles s'en amusent. Oum Malek va jusqu'à me demander si je vais montrer ces films à Nassim.

« Il est hors de question que Nassim voie des choses pareilles !

— Moi, je montre tout à Majda. Il faut qu'elle apprenne ! Tu verrais comme elle apprécie. Ça ne la perturbe pas du tout puisque ces vidéos ne montrent que des actes justes. Ces gens qui sont décapités l'ont mérité. Ce sont des ennemis du califat. »

J'hallucine quand j'entends leur argumentation. Cette pauvre petite fille n'a que 3 ans. Elle est vraiment maltraitée. Je me sens tellement démunie, incapable de l'aider.

Pour oublier ces horreurs et mes angoisses, j'essaie de m'occuper malgré la fatigue et les nausées. De temps en temps, je sors sur le pas de la porte pour distribuer des bonbons aux enfants du quartier. Ils m'embrassent les mains. Ça me met mal à l'aise. Je pense à mon bébé. Devra-t-il grandir comme ces gamins qui fouillent les poubelles pour trouver à manger ? Un jour, j'en ai vu un boire les quelques gouttes de liquide restantes dans une bouteille de Pepsi. Cette scène bouleversante est inscrite à jamais dans ma mémoire. J'ai offert quelques biscuits à ce petit garçon. Un geste dérisoire. J'aurais voulu faire plus. Mon sentiment d'impuissance devant la misère de ces enfants provoque une colère en moi. Cette émotion me pousse à prendre quelques libertés avec les règles. Je sors plus souvent et plus longtemps devant la maison pour regarder les enfants jouer. Ils me connaissent maintenant et viennent chercher un câlin ou un bonbon quand ils me voient. J'ose même remonter mon *sitar* pour avoir un vrai contact, un échange avec eux. Une fillette blonde aux yeux clairs me fait comprendre qu'elle aime beaucoup Nassim. Malgré la guerre, la violence et la haine dans laquelle grandissent ces enfants, c'est l'amour qui prend le dessus dans leurs comportements. J'ai assisté à une scène aussi drôle que touchante lorsque Nassim, fasciné par la fillette blonde, lui a demandé, en lui offrant une sucette, si elle voulait l'épouser. Je ne sais pas si elle a compris la question, mais cette insouciance des enfants me réchauffe le cœur.

En rentrant, j'appelle mes parents. J'ai envie de les entendre, leur raconter la journée de Nassim, demander une recette à ma mère, prendre de leurs nouvelles. Un grand besoin de banalités du quotidien pour oublier les bombardements, le rationnement de nourriture, les angoisses concernant l'avenir de mes enfants, la misère des gamins du quartier, les corps exposés sur la place, l'enfermement. Je veux oublier la folie ambiante. Mais le « allô » à l'autre bout du fil me pousse plutôt à confier mon désarroi.

« Je n'en peux plus. J'ai tellement envie de rentrer.

— Laura, tu sais qu'on est prêts à venir te chercher.

— Je n'arriverai jamais à sortir d'ici.

— Papa se renseigne. Il a pris contact avec un homme qui pourrait peut-être t'aider.

— C'est qui ?

— Il s'appelle Dominique. Son fils a aussi été en Syrie. Il a essayé plusieurs fois de le ramener en se rendant sur place. Finalement, son garçon est revenu en Belgique. Il est inculpé dans le dossier Sharia4Belgium.

— Et tu crois qu'il pourra nous aider ? Moi, je pense que c'est beaucoup trop dangereux. Je vous interdis de faire ça ! S'il vous arrive quelque chose, ce sera de ma faute ! En plus, j'ai peur de revenir. Que vont-ils me faire en Belgique ? Ici, les femmes disent qu'ils prennent les enfants aux mères qui reviennent de Syrie !

— Laura, maintenant, ça suffit. Nous avons pris notre décision. Papa va venir te chercher, un point c'est tout. On a un plan. Ne dis surtout rien à Oussama s'il te plait. »

Je raccroche, la boule au ventre. Mes jambes se mettent à trembler. Mon père n'a jamais pris l'avion, il ne parle pas anglais et encore moins arabe ! Comment va-t-il faire ? Les « frères » risquent de le repérer tout de suite. Jamais je n'avais pensé que mes parents seraient prêts à mettre leur vie en péril pour me sauver ! Pourtant, je sais qu'ils m'aiment. Ils ont toujours été là pour moi. Leur détermination me réconforte et me chamboule en même temps. Je m'en veux tellement de leur avoir fait autant de mal en fuyant. Oussama rentre de sa tournée. Je ne dis rien, mais il voit bien que je suis perturbée. Après le repas, je vais immédiatement me coucher. Le sommeil ne vient pas, l'image de mon père prenant l'avion et affrontant tous les dangers pour venir me rechercher me hante toute la nuit.

Le lendemain, j'ai rendez-vous à l'hôpital pour une nouvelle visite. Je ne me sens toujours pas mieux. J'ai eu quelques saignements et des contractions. Il y a un risque que je perde cet enfant. L'angoisse permanente dans laquelle nous vivons ici n'est pas l'idéal dans mon état. Sur la route, Oussama s'arrête pour nous acheter de quoi manger. Alors que je suis seule avec Nassim dans la voiture, un « frère » s'approche de la fenêtre et cherche à me regarder dans les yeux. Je suis en niqab, j'ai ôté mon *sitar* pour effectuer le voyage en voiture. Je rabats violemment mon voile sur mes yeux. L'attitude de cet homme me scandalise. Je ne rêve pas, il essaie de me draguer ! Ils imposent des comportements qu'ils ne respectent pas eux-mêmes ! Cette hypocrisie ajoute encore une couche à la montagne de bonnes raisons pour partir d'ici. J'ai rejoint Daesh, entre autres, parce qu'on m'avait promis un grand respect des femmes. Mensonge. Manipulation. Les esclaves sexuelles, les Yézédies, les règles contraignantes à suivre, soi-disant, pour ne pas tenter les hommes... Décidément, ici plus que nulle part ailleurs, les femmes sont réduites à de simples objets sexuels, pour assurer plaisir et descendance. Je suis dégoutée. Comment ai-je été assez stupide pour croire à leur propagande ?

À côté de l'hypocrisie, il y a aussi le manque de solidarité. On m'avait vendu un monde où nous sommes tous « frères » et « sœurs », où nous nous soutenons les uns les autres. En réalité, c'est surtout chacun pour soi et Allah pour tous. Quand la nourriture manque et que les difficultés augmentent, tout le monde cherche d'abord à sauver sa peau. Mais le sommet, c'est la manière dont ils éduquent les enfants. Sur la route qui mène à l'hôpital, nous croisons un gamin de 12 ans avec une arme. Oussama me dit qu'il y a beaucoup de jeunes dans les camps d'entrainement.

« C'est déjà un petit combattant. Celui-là est certainement déjà allé au front. »

Le regard de cet enfant est rempli d'un mélange de haine et de terreur. Je ne veux pas que mon fils suive ce chemin. Le soi-disant sentier d'Allah n'est pas vraiment ce que j'avais imaginé.

À l'hôpital, je suis reçue par une infirmière. Elle me dit que mon bébé va bien et que c'est probablement un garçon. Oussama est ravi. Un médicament m'est prescrit. Je ne sais pas très bien ce que c'est mais, logiquement, il s'agit d'un remède contre les contractions. Étrangement, pendant les heures qui suivent la prise de ces pilules, mes contractions ne font qu'augmenter. Oussama lit la notice en arabe. Il s'agit en réalité d'un médicament pour dilater le col de l'utérus ! Erreur ou acte volontaire d'un personnel qui lutte comme il peut contre l'« État islamique » ? Je ne le saurai jamais.

Cet épisode me traumatise. Oussama cherche un autre médecin pour suivre ma grossesse. La femme d'un de ses amis me prendra désormais en charge, une Allemande arrivée quelques mois plus tôt. Ça me tranquillise un peu. Je reste juste inquiète pour l'accouchement, car elle habite à Manbij, à quarante kilomètres de notre appartement. J'ai peur de ne pas arriver à temps. Elle me promet qu'il n'y aura aucun problème pour la césarienne, sauf qu'elle ne dispose pas d'antidouleurs. Si je dois vraiment accoucher ici, je vais souffrir. Pourvu que le plan de mes parents réussisse et que je rentre en Belgique avant la naissance de mon fils !

À la maison, je me réfugie sur le toit pour communiquer avec mes parents. Papa a acheté ses billets, il prendra l'avion le 8 septembre. C'est dans quelques jours. Je n'arrive pas à y croire. Au téléphone, je sens un mélange d'excitation et d'appréhension dans sa voix. Nous discutons longuement de nos futures retrouvailles. J'espère que personne n'a surpris cette dernière conversation. La paranoïa me guette, j'ai l'impression que mes voisins m'épient et ont deviné quelque chose. En réalité, ils ne se doutent de rien. J'essaie de me comporter le plus normalement possible. Nassim n'est pas au courant de mon projet de fuite. Il me demande souvent quand on va rentrer à la maison. Pour ne pas prendre de risque, je lui réponds toujours la même chose. S'il vendait la mèche, on nous tuerait.

« On va rester ici, mon chéri.

— Papy et mamy me manquent.

— Je sais, Nassim. Je fais tout mon possible pour que papy et mamy puissent nous rendre visite. »

Oussama me dit que les visites familiales sont autorisées. Des « frères » se chargent d'aller chercher les hôtes à la frontière et les ramènent à la fin du séjour. Il ne se doute pas que mon intention est plutôt de rejoindre moi-même la frontière et, surtout, de ne plus jamais revenir dans cet enfer. Le jour J approche. Je connais la date d'arrivée de mon père, mais aucun détail de son plan. Il m'a dit qu'il me contacterait et me donnerait des instructions dès que possible. Je suis terrorisée. L'opération est vraiment très dangereuse. Comment va-t-il savoir à qui il peut faire confiance ? Il pourrait être arnaqué par des groupes armés qui proposeraient leur aide, prendraient son argent et le captureraient pour le vendre à Daesh. Mon père est un homme simple, généreux et honnête. Il a travaillé toute sa vie, durement, pour subvenir aux besoins de sa famille. Ce n'est pas un grand baroudeur, il n'a jamais eu ni les moyens ni le temps de voyager loin de Jumet. J'ai peur pour lui. Je m'en veux de l'avoir embarqué dans cette galère. Avec la grossesse et le stress, je suis épuisée le jour où il m'envoie un texto pour annoncer son arrivée en Turquie. Je l'appelle immédiatement.

« Papa, t'es là ?

— Oui, je suis en Turquie avec Dominique, l'homme dont je t'ai parlé, celui dont le fils est revenu de Syrie. Il a quelques contacts intéressants ici. Nous nous préparons pour te faire sortir de là.

— Mais comment allez-vous faire ?

— Je ne sais pas encore, mais nous avons rendez-vous avec des hommes à Gaziantep pour en discuter.

— Fais attention, on ne sait jamais quelles sont les réelles intentions de ceux qui offrent leurs services. Tu es sûr que ces gens ne vont pas nous vendre ?

— Tiens-toi prête, Laura. Ça va aller. »

Il va falloir que je sois forte et courageuse. Je n'ai pas d'autre choix. Ma décision est ferme et définitive. Je veux partir d'ici.

Piégée en Syrie

Oussama va bientôt rentrer à la maison. Il faut que je reste impassible pour ne pas éveiller ses soupçons. En préparant le repas, je lui raconte la journée de Nassim. Une journée comme toutes les autres, entre ses jouets, les jeux vidéo sur l'ordinateur et un dessin animé sur une chaine arabe après quelques exercices de coloriage ou d'écriture pour compenser l'absence de scolarisation. Oussama a l'air absent ; il ne m'écoute pas.

« Tu es sûr que ça va ?

— Oui, je suis juste un peu préoccupé.

— Pourquoi ? Que se passe-t-il ?

— L'*émir* voudrait me faire travailler à Raqqa, et donc nous transférer tous les trois là-bas.

— Oh non, je ne veux pas changer d'endroit ! Ici, Nassim connait déjà les enfants du quartier !

— Je sais, mais ce n'est pas moi qui décide.

— Et ce serait pour quand ?

— Je ne sais pas. Demain ou dans quelques semaines. L'*émir* peut prendre cette décision du jour au lendemain. »

Sous le prétexte de prendre un peu l'air, je monte immédiatement sur le toit pour prévenir mon père par texto. Si je pars pour Raqqa, me faire sortir de Syrie va devenir beaucoup plus compliqué, voire impossible. À Al-Bab, je ne suis qu'à quelques kilomètres de la frontière. Raqqa est beaucoup plus éloignée.

Le lendemain, je reçois les premières instructions pour organiser ma fuite. Mon père a mis au point un plan avec les moyens du bord et sans beaucoup de temps de réflexion au vu des circonstances. Un certain Adnan devrait se trouver dans ma rue. C'est un Syrien, il va m'aider à m'enfuir. Dans un premier temps, je dois sortir de l'immeuble quelques instants avec Nassim afin qu'Adnan nous identifie. Difficile de reconnaitre une femme avec une burqa. La présence de Nassim devrait l'aider. Mais dans la rue, je ne vois personne.

« Papa, Adnan n'est pas là. En tout cas, je ne le vois pas.

— Il y a un problème, Laura. Adnan ne parvient pas à entrer dans Al-Bab. Il y a beaucoup de contrôles, c'est trop dangereux. Tu dois te rendre à Manbij, il t'attend là-bas.

— Mais c'est loin Manbij. Il faut quarante-cinq minutes en voiture et je n'ai pas le droit de faire ce genre de trajet seule.

— Appelle Adnan, je vais te donner son numéro. Il va te dire comment faire, il parle très bien français. »

J'appelle Adnan immédiatement. Il n'a pas de solution miracle. Il va falloir prendre de fameux risques.

« Prenez un taxi et demandez-lui de vous conduire à la gare de Manbij. Tout le monde connait. C'est sur une place où il y a un marchand de voitures.

— Mais vous savez que c'est risqué. Une femme ne peut pas prendre un taxi seule, d'autant que le chauffeur sera forcément un homme !

— Je sais, mais c'est la seule solution. Je ne peux vraiment pas approcher. S'il le faut, payez le taxi pour qu'il accepte. »

En vitesse, je prépare des sandwiches, quelques affaires pour le petit et j'emporte le revolver qu'Oussama laisse dans l'appartement au cas où nous devrions nous défendre. Je ne sais toujours pas m'en servir, mais ça me rassure. J'attrape la main de mon fils et nous marchons d'un bon pas. Nassim sent la tension.

« On va où, maman ?

— Ne t'inquiète pas, on va rejoindre papy.

— C'est vrai ? C'est cool ! Je suis trop content ! Papy est venu ? Il est tout près ?

— Oui, mais il ne faut le dire à personne. C'est un secret. »

Nous marchons cinq minutes en direction du centre-ville avant de croiser un de ces vieux taxis syriens jaunes. Je traverse la rue en levant la main. Le chauffeur s'arrête. Il me fixe. Le regard de cet homme ne me dit rien qui vaille. Nous montons dans la voiture.

« Gare Manbij. »

Pas de réponse mais la voiture démarre. Trois minutes plus tard, le chauffeur s'arrête devant une gare de bus à Al-Bab. A-t-il mal compris ce que je lui ai demandé ? L'homme me fait comprendre que je vais devoir continuer en car. Il me fait signe de patienter et sort du véhicule pour discuter avec un « frère ». Mon sang ne fait qu'un tour. Je dis à Nassim de ne pas parler. Le « frère » m'ordonne de sortir du taxi et de lever mon *sitar* pour qu'il puisse voir mes yeux. Je m'exécute. Il me parle en arabe, j'ai du mal à comprendre. Je devine qu'il veut connaitre ma *kounya* et celle de mon mari. En guise de réponse, je tente d'expliquer que mon époux est un Tunisien et qu'il m'a demandé de le rejoindre à Manbij. Le « frère » me laisse finalement monter dans le bus et paie mon voyage. Tout ça ne me parait pas normal, mais je le remercie.

— « *Barak allahou fik*[1]. »

Mille questions m'assaillent : pourquoi le taximan ne m'a-t-il pas conduite directement à Manbij ? Pourquoi le « frère » a-t-il payé mon voyage ? Que va-t-il m'arriver ? Le « frère » parle au conducteur en me désignant. Le regard qu'il lance dans ma direction me glace. Enfin, le car démarre. Une femme assise à côté de moi offre très gentiment à boire et à manger à Nassim. Le trajet dure quarante minutes. Je sue des gouttes mais, malgré ma peur, je tente de garder espoir.

Le bus s'arrête. Nous sommes à Manbij. Au moment où je me dirige vers la sortie du véhicule, le chauffeur me barre la route. Il me fait signe de me rasseoir. C'est fichu, ils vont me livrer à la *hisba*. J'ai peur qu'ils nous tuent ou, pire, qu'ils me tuent et gardent Nassim !

« S'il te plait, mon chéri, ne dis rien. On va appeler Oussama. »

Un groupe d'hommes armés jusqu'aux dents arrive. Ils sortent d'un bâtiment situé de l'autre côté de la rue, sur lequel flotte le drapeau de l'« État islamique ». L'un d'eux me somme de sortir du bus et de m'approcher. Celui qui a l'air d'être le chef s'adresse à moi en arabe. Je ne comprends rien. Il me fait signe de le suivre. Escortée par cinq djihadistes jusqu'au bâtiment, je me dis que ma dernière heure est venue. Apparemment, je suis dans un commissariat de police de l'« État islamique ». L'immeuble est beige, avec des inscriptions blanches sur un bandeau noir. Nous traversons un énorme couloir. Tout au fond, un bureau vide avec deux chaises.

1. Que la bénédiction d'Allah soit sur toi, ma sœur.

Un djihadiste anglais attrape Nassim et le prend sur ses genoux. Il lui pose des questions en anglais et en arabe, mais le petit ne comprend pas. Les hommes me disent de patienter, ils vont apparemment chercher quelqu'un qui parle français. C'est la catastrophe. Tant que je pouvais faire celle qui ne comprenait pas, tout allait bien, mais que vais-je raconter maintenant ? Trois femmes en burqa sont amenées dans le bureau. Je suis terrifiée. Je sais qu'ici, certaines femmes ont la haine. J'en ai rencontré suffisamment ! Il va falloir jouer serré.

« *Assalamou Alaykoum ouhkty*[1].

— *Alaykoum assalam.* Que fais-tu ici ? Depuis quand es-tu en Syrie ?

— Je viens d'arriver de Belgique. J'étais chez une Syrienne à Al-Bab. Elle m'a dit que je devais rejoindre mon mari à Manbij.

— Bienvenue sur la Terre sainte du califat. Cette Syrienne ne t'a pas expliqué que ça ne se passe pas comme ça, ici ? Il y a des règles à suivre ! Une femme ne peut voyager seule.

— Non, personne ne m'a rien dit. Je veux juste rejoindre mon mari.

— Tu es bien nerveuse.

— C'est parce que je ne comprends pas ce que vous me voulez. »

La femme rapporte mes propos aux hommes. Ils discutent entre eux et transmettent leur décision à celle qui fait office d'interprète.

« Les hommes disent qu'il faut qu'on te ramène à Al-Bab, chez cette Syrienne dont tu parles. Je ne viendrai pas avec toi, mais une sœur allemande va t'accompagner.

1. Que la paix soit sur toi ma soeur.

— S'il te plait, viens avec moi.

— Je ne peux pas, mon mari n'est pas là. Mais ne t'inquiète pas, elle sera gentille avec toi. »

Les filles ont l'air de croire à mon histoire. J'embarque à l'arrière d'un pick-up avec l'Allemande. À l'avant, deux policiers de l'« État islamique » qui vont me ramener à la case départ. La femme me demande d'indiquer la route pour rejoindre la maison de la Syrienne d'où je suis censée venir, mais je suis perdue. En réalité, je ne connais pas du tout les lieux puisque je sors très peu, toujours accompagnée et affublée de cette burqa qui réduit fortement mon champ de vision. Après avoir tourné en rond pendant vingt minutes dans les rues d'Al-Bab, nous arrivons enfin devant mon immeuble. Je sors de la voiture avec Nassim. L'Allemande exige de monter dans l'appartement avec moi. Elle comprend tout de suite que j'ai menti et prévient les deux policiers restés dans la voiture. Ils finissent par deviner qui est Oussama et l'appellent pour l'informer de la situation. Ils me laissent entrer, mais attendent dans la rue. J'en profite pour appeler ma mère.

« T'es où, Laura ? Papa t'attend !

— Les hommes de Daesh m'ont arrêtée ! J'ai tout foiré, maman ! Et maintenant, Oussama est au courant. Il va arriver. Passe le message à papa.

— Qu'est-ce qu'ils vont vous faire ?

— Je ne sais pas. Les hommes sont toujours là, en bas, ils attendent Oussama. »

Les minutes s'égrènent lentement. Nassim me demande si on voit bientôt papy. Je le supplie de ne plus parler de ça et de ne surtout rien dire à Oussama. Une boule d'angoisse se loge dans mon estomac au moment où Oussama pénètre dans notre studio. Un homme encagoulé le suit. Probablement un de ces « agents secrets ». Je me réfugie dans la chambre. Je ne comprends pas un mot du bref échange en arabe entre les deux hommes, mais dans le ton de la voix de l'effrayant inconnu, je perçois une froideur qui me paralyse. Quand il est parti, Oussama me met sur le gril.

« Où as-tu été ? Qu'est-ce que tu as fait ?

— Mon père est en Turquie. Je voulais le rejoindre. C'est vrai, j'ai essayé de m'enfuir.

— Mais enfin, pourquoi ? Je ne comprends pas, c'est quand même ce que tu voulais, vivre ici, en Terre sainte ?

— Oui, mais je n'en peux plus. C'est pas une vie. Je ne m'attendais pas à ça.

— Tu te rends compte de la situation dans laquelle tu nous mets ? J'ai dû négocier avec le type encagoulé. Il ne croit pas à ton histoire à dormir debout ! Il est persuadé que tu as voulu t'enfuir et voulait te donner cinquante coups de fouet. J'ai réussi à l'en dissuader en lui disant que tu es enceinte et que tu n'as certainement pas cherché à fuir. On risque d'avoir de gros problèmes !

— Je suis désolée… Que va-t-il se passer maintenant ?

— J'ai reçu l'ordre de te surveiller et de te cadrer. Ce contrôle sera supervisé par les « agents secrets ». Ils vont venir vérifier que tu es là en frappant à la porte. Tu devras répondre en demandant à Nassim de parler pour prouver votre présence. Je dois aussi te prendre ton téléphone quand je pars travailler.

— Oh non, pas ça ! Je ne pourrai plus communiquer avec mes parents !

— Je n'ai pas le choix ; ils vérifieront que j'ai bien ton téléphone avec moi. Tu es complètement folle ! Pour le même prix, ils nous tuaient tous les trois ! On a encore de la chance ! Et pour ce qui est de ton père, dis-lui bien de s'éloigner de la frontière car l'« État islamique » sait qu'il est là. Des hommes le cherchent pour le tuer.

— J'ai peur, Oussama !

— Ne t'inquiète pas, je vais gérer la situation mais, s'il te plait, appelle ton père tout de suite. »

Je l'appelle immédiatement. L'échec de cette première tentative de fuite n'a visiblement pas entamé sa détermination. Il est déjà en train de monter un nouveau plan sans se douter que les hommes de Daesh sont à ses trousses.

« Papa, c'est grave. Tu dois partir, et vite ! Ils te cherchent !

— Mais Laura, je suis en train de discuter avec des hommes de l'ASL[1]. Ils disent qu'ils peuvent nous aider à te faire sortir.

— Papa, je t'en supplie, éloigne-toi de la frontière, c'est dangereux ! Ils veulent ta peau ! Je suis désolée ! Tout est de ma faute.

— Mais je ne peux pas vous laisser là ! Il est hors de question que je reparte sans vous. Je ne suis pas venu jusqu'ici pour me décourager à la première difficulté !

— C'est trop risqué !

— Mais qu'est-ce que vous allez devenir, toi et le petit ? Et le bébé ? Et que vais-je faire sans vous ?

1. Armée syrienne libre : force armée opposée au régime de Bachar el-Assad et composée principalement d'anciens officiers de l'armée syrienne, groupe très vite dépassé par les factions djihadistes.

— On se reverra un jour, papa. J'ai de l'espoir.

— Tant que je serai vivant, je vous promets de me battre pour vous faire sortir de là ! Je vais m'éloigner, mais je reviendrai !

— Je sais, papa. Merci. »

Entendre mon père pleurer à chaudes larmes me brise le cœur. La culpabilité me ronge. Un autre sentiment m'envahit en même temps. Une chaleur, un réconfort. La certitude de sentir le caractère infini et surtout inconditionnel de l'amour de mes parents.

Je passe les deux heures suivantes à pleurer, en suppliant Oussama de laisser mon père nous voir quelques instants à la frontière. Les visites sont autorisées, en principe. Malgré la situation difficile dans laquelle je l'ai mis avec cette tentative de fuite, il accepte de solliciter une autorisation de visite. La réponse de l'*émir* est sans appel. Refus catégorique. Je pète un plomb.

« C'est vraiment dégueulasse ! Ce sont des salopards ! Ces types ne sont pas des humains ! En fait, je suis prisonnière ici ! On nous avait pourtant dit qu'on pourrait partir quand on le voudrait ! Ce n'étaient que des mensonges ! Comme le reste d'ailleurs. Ce n'est pas normal ! Je ne veux pas rester chez ces malades ! »

Devant mon désarroi, Oussama me promet qu'il va trouver une solution pour organiser une rencontre avec mon père. Mais les retrouvailles n'auront jamais lieu. Je sais que, de son côté, papa tente le tout pour le tout. Il établit des contacts tous azimuts, en s'exposant à de fameux risques. Il rencontre des hommes de Jabhat al-Nosra[1], des mercenaires, des Syriens, des Turcs. Je suis fière d'avoir un père comme lui, aussi débrouillard que courageux.

1. Al-Qaïda en Syrie.

Malheureusement, tous ces efforts ne servent à rien. Aucune solution ne se dessine pour me faire sortir d'ici. Papa voudrait que je demande à l'*émir* l'autorisation de quitter la Syrie. Lui seul pourrait me délivrer un laissez-passer, d'après les informations de l'un de ses contacts. Je ne le lui dis pas, mais je ne formulerai jamais cette requête. Après avoir sollicité une demande de visite qui a été refusée, c'est beaucoup trop risqué ! J'ai bien trop peur d'être considérée comme une traitresse. Je sais ce qu'ils font aux infidèles. Les images des corps décapités, exposés sur la place, ne me quittent pas.

Je parle une dernière fois au téléphone avec mon père avant son retour en Belgique. Je lui raconte que l'*émir* n'a pas accepté de me laisser partir. Il est effondré et tellement mal de ne pas avoir réussi sa mission. Le cœur gros, mais soulagée de le savoir bientôt sain et sauf en Belgique, je tente de lui remonter le moral en lui promettant qu'on se reverra bientôt.

Cette tentative de fuite va radicalement changer mon quotidien. La surveillance est permanente. Mes voisins et des hommes de Daesh m'épient. Conformément aux indications des « agents secrets », ma porte est fermée à clé en l'absence d'Oussama. Cette situation m'angoisse, car cela veut dire que je ne peux plus fuir en cas de bombardement. De temps en temps, pour me changer les idées, Oussama m'emmène travailler avec lui. Je l'accompagne toute la journée sur les routes pour distribuer les payes des « employés du califat ». Une manière de montrer aux autres qu'il me surveille. Je ne peux parler avec personne, mais je découvre un peu plus le pays dans lequel je vis désormais depuis trois mois. J'aime ces rares sorties. Ce sont des occasions précieuses de voir l'extérieur, les collines brulées par le soleil, les paysages rocailleux, les rues de la ville arpentées par des ombres noires, des femmes sans visage et des hommes sans sourire. Le soir, le retour à la maison est toujours pénible. Retourner dans ce trou à rats qui nous sert d'appartement me désespère.

Fêter Noël au nez et à la barbe des djihadistes

Depuis des semaines, Oussama se démène pour nous trouver un logement plus confortable. Un après-midi, il déboule dans l'appartement et se précipite, très enthousiaste, pour ranger des vêtements.

« Dépêchez-vous ! On part tout de suite ! On déménage !

— Quoi ? Là, maintenant ?

— Oui, j'ai payé trois hommes qui vont nous aider à porter nos affaires. Nous n'allons pas loin. L'appartement est juste dans une rue parallèle.

— Pourquoi maintenant ?

— Parce que j'ai trouvé un endroit qui va te plaire ! »

Nous réunissons les quelques maigres biens en notre possession avant de nous mettre en route. J'entre la première dans l'immeuble. Un bâtiment identique aux autres du quartier. En le voyant, je me demande si ce sera vraiment mieux ici. Une fois à l'intérieur, je dois bien admettre que tout est magnifique. D'abord, il y a beaucoup d'espace : un salon, trois chambres, des toilettes turques et des européennes. Et puis, il y a surtout une grande douche ! Depuis notre arrivée, c'est la première fois que nous allons pouvoir nous laver dans une salle de bain aussi agréable. Pour nous chauffer, il y a un poêle à mazout dans la chambre et, comble du luxe, Oussama a acheté une machine à laver. Jusqu'ici, je lessivais tout à la main.

Je suis contente, mais l'envie de partir est toujours là. Disons que l'attente sera plus confortable ici. Je m'empresse de tout raconter à mes parents. Je les contacte par *Skype* pour la première fois. Mes parents ont acheté une tablette pour communiquer plus facilement avec moi. Mon départ pour la Syrie les aura obligés à utiliser les nouvelles technologies. Je leur montre l'appartement. Mon père est un peu rassuré de me voir mieux installée, même si je sens bien qu'il reste sous le choc de son retour en Belgique sans nous.

Dans cet appartement, la vie prend une allure plus routinière. Je retrouve une sorte de train-train plus paisible grâce à cette amélioration de notre confort. Les bombardements sont presque devenus une habitude. Il faut vivre avec. De toute façon, Allah nous protège et choisit le moment où il nous rappelle à lui. Le plus difficile, c'est de gérer les questions de Nassim. Il s'ennuie et voudrait rentrer en Belgique, aller à l'école, revoir ses amis, papy, mamy et le reste de la famille. Je ne sais plus quoi lui dire. Je me demande si nous pourrons un jour sortir d'ici.

Pour briser la monotonie du quotidien, Oussama me propose de rencontrer les épouses de deux « frères » avec lesquels il a séjourné dans le camp d'entrainement. Un matin, il me dépose chez un de ses deux amis à Manbij. Les deux femmes m'attendent. Ce sont des Françaises converties. Nous faisons connaissance. Elles sont très gentilles. Oum Nabil est d'origine asiatique. Elle a une fille de 18 mois et un garçon de 3 ans. Oum Hachem a deux garçons de 3 et 5 ans. Nous parlons de tout et de rien, du quotidien à la fois si différent de ce que nous connaissions en Belgique ou en France, et si semblable dans les tâches et les gestes à effectuer chaque jour. Une différence importante, c'est évidemment cette proximité avec les armes à feu. Dans tous les foyers de Daesh, il y a forcément des armes. En principe, tout le monde doit être capable de les utiliser, ne fût-ce que pour se défendre. J'ai déjà dit cent fois à Oussama que ça ne servait à rien de laisser une arme à la maison pour ma protection ; je serais incapable de l'utiliser. Mais pour mes nouvelles amies, cela ne semble pas être un problème.

« T'as déjà tiré, Oum Nassim ?

— Non, jamais.

— Et ton fils, il a appris ?

— Non, il est beaucoup trop jeune ! On me l'a proposé, mais j'ai refusé.

— Moi, le mien, il a essayé avec mon mari l'autre jour. Il n'a même pas eu peur, au contraire, il me demande tout le temps pour recommencer ! Si tu voulais, Nassim pourrait apprendre très rapidement. Après quelques essais, les enfants sont capables de tirer et même de nettoyer une arme ! »

Oum Hachem a l'air de trouver très amusant que son fils manipule une arme à feu. Oum Nabil est d'accord avec moi, les enfants ne devraient pas toucher à une arme. Elle a refusé, comme moi, que son fils suive un entrainement. Il y a aussi la possibilité d'envoyer les enfants à l'école. Daesh a mis en place un « bureau de l'enseignement » qui est en train d'élaborer de nouveaux programmes scolaires conformes à la charia. Toute une série de matières y sont interdites, comme par exemple la musique, le sport, l'histoire et la philosophie. Je ne veux pas envoyer Nassim dans ce genre d'établissement scolaire non plus. En plus, les écoles sont en pleine ville et je redoute les bombardements. Pour compenser, je donne cours tous les matins au petit grâce à des copies de manuels scolaires envoyés via mail par maman. J'essaie de garder Nassim au maximum près de moi. Malheureusement, je ne peux pas lui éviter toutes les sorties avec les « frères » qui viennent le chercher de temps en temps.

Nous discutons tout l'après-midi de nos enfants, de notre vie en Syrie. Cette première rencontre avec ces deux femmes me fait du bien, même si je ne partage pas toutes leurs idées. Elles sont vraiment sympas et me promettent de venir souvent me voir à Al-Bab.

Occasionnellement, Oussama nous emmène en balade. L'endroit que je préfère, c'est Raqqa. La ville est plus grande, il y a plus de commerces, et j'ai un peu moins cette sensation de contrôle qu'à Al-Bab. Un jour où nous sommes de sortie pour quelques achats dans le centre de la ville, deux femmes m'interpellent. Ce sont des Syriennes. Je ne comprends pas ce qu'elles me veulent. Oussama rigole. Nous poursuivons notre route mais elles continuent à nous suivre et s'approchent à nouveau pour me parler.

« Oussama ! Viens ! Tant pis pour les règles, mais je ne comprends rien, il faut que tu traduises.

— Elles demandent d'où nous venons et si tu es ma femme. Elles veulent savoir si tu souhaites des épouses supplémentaires pour ton mari. »

Je regarde Oussama, stupéfaite. Il est hilare.

« Arrête de rigoler !

— Quoi ? Tu ne veux pas ?

— Pourquoi ? Tu voudrais une autre femme ?

— Mais non, enfin, arrête ! Je ne veux rien du tout ! »

Je suis démontée. J'étouffe sous ma burqa. Durant tout le reste de la journée, je tire la tête. Sur la route du retour vers Al-Bab, Oussama encaisse ma crise de jalousie. L'humiliation de l'infidélité vécue avec Mohamed me revient en pleine figure. Mes émotions sont intactes. Je ne suis pas venue ici pour partager mon homme. Au contraire. La fidélité et le respect garantis par l'interdiction de la mixité et une grande pudeur sont deux arguments qui m'avaient décidée à venir ici. Même ça, finalement, c'est un leurre.

Al-Bab, le 4 octobre 2014

C'est la fête de l'*Aïd al Kabïr*[1], la fête du sacrifice. Oussama a emmené Nassim. Les femmes se retrouvent chez Oum Mahmoud, une sœur d'Oum Malek. Nous préparons le repas de fête tout en discutant. Je passe un moment agréable, mais toujours avec cette même appréhension quand Nassim est à l'extérieur. Nous avons terminé le repas et le petit n'est toujours pas rentré. Je commence à sérieusement m'inquiéter. Les femmes tentent de me calmer, mais je panique à l'idée qu'il a peut-être été capturé avec Oussama par les hommes de Bachar. On m'a déjà assez raconté ce genre d'histoires. Oum Brahim propose de demander à son mari de partir à leur recherche.

« Il va aller voir ce qui se passe, mais s'il leur est arrivé quelque chose, tu sais que c'est la volonté d'Allah. »

Abou Brahim revient bredouille. Oussama rapplique une heure plus tard, comme si de rien n'était. Je me jette sur Nassim pour le prendre dans mes bras. Mon sang ne fait qu'un tour.

« Espèce de malade, où t'étais passé ? T'es complètement inconscient ? J'ai cru qu'on vous avait tués, j'ai failli mourir d'inquiétude ! Ne fais plus jamais ça !

— M'enfin, ne te mets pas dans un état pareil. Le petit s'est bien amusé, tu vois bien qu'il n'y a pas de problème. Cette

1. Littéralement : la grande fête. On l'appelle aussi la fête du sacrifice (Aïd al-Adhâ). Elle marque la fin de la période du pèlerinage à La Mecque. Ce jour-là, les musulmans sacrifient un animal en mémoire de la soumission d'Ibrahim à son Dieu.

sortie lui a changé les idées. Il a bien mangé et il a vu d'autres enfants ! »

Pour se faire pardonner, Oussama revient le lendemain avec une surprise pour Nassim.

« Nassim ! Viens un peu ici ! Regarde dans mon sac.

— Oh, un bébé chat ! Cool ! Regarde, maman, il est roux et blanc ! »

Le petit est enchanté. Il rêve d'avoir un chat depuis des semaines. Enfin, un peu de légèreté dans notre quotidien monotone. Depuis que nous sommes installés dans cet appartement, Nassim ne sort pratiquement plus pour jouer avec les autres enfants. J'ai trop peur qu'il lui arrive quelque chose. L'arrivée du chat va apporter un peu d'animation dans la maison.

Un jour, Oussama oublie son *talkie-walkie* à la maison. Toute la journée, j'entends les échanges entre les soldats de l'« État islamique ». Je ne comprends pas tout ; beaucoup d'échanges se font en arabe. En français, je perçois quelques indications de lieux de rendez-vous et des appels pour localiser l'un ou l'autre « frère ». Vers quinze heures, le *talkie-walkie* s'emballe. Les voix se font plus fortes, les échanges plus vifs. Un marché vient d'être bombardé. Je ne comprends pas où il se situe mais j'entends la description du carnage. Un homme hurle que c'est l'enfer. Des femmes et des enfants sont morts, il y a des membres déchiquetés partout, c'est une véritable boucherie. Je reste figée, incapable de bouger, tétanisée par ce que j'entends, avant de me ressaisir et de couper le son de cet appareil de malheur. Je ne veux pas que Nassim entende ça. Il joue dans la pièce voisine et n'a, heureusement, rien capté de cette abominable description qui ne fait que renforcer mon envie de fuir cet enfer.

Les journées se suivent et se ressemblent. Après les cours du matin, le petit regarde des dessins animés et joue avec le chat. L'après-midi, nous faisons la sieste. Ma grossesse est toujours difficile et m'oblige à me reposer. Souvent, Nassim me dit que papy et mamy lui manquent. Je finis par lui promettre qu'on rentrera en Belgique, mais pas tout de suite. Il n'en peut plus d'être enfermé. Ce petit a besoin de liberté. Moi aussi. À force de vivre comme une recluse, je deviens folle. Je pense souvent à la vie que j'avais en Belgique où je pouvais emmener Nassim au cinéma, au parc, dans des plaines de jeux. Quand je suis partie, j'ai rejeté cette société où je ne trouvais pas ma place. Aujourd'hui, je me rends compte de la chance que j'avais. On n'était pas si mal que ça ! Disposer d'électricité à toute heure du jour et de la nuit, se promener librement sans devoir rendre des comptes, se chauffer, manger à sa faim, dormir dans un bon lit, vivre dans la sécurité : des richesses dont je n'avais aucune conscience. En Belgique, je n'étais jamais satisfaite. Toujours frustrée par ce que je ne possédais pas. Si je rentre au pays vivante avec mon fils, je me promets de profiter de chaque minute qu'Allah me donnera. Je n'oublierai plus la chance que j'ai d'habiter dans un pays en paix, dans une société sans doute imparfaite, mais où la liberté et le bien-être sont des priorités. Et surtout, j'arrêterai de me plaindre.

Al-Bab, novembre 2014

Nous commençons à manquer d'argent. Les quelques économies que nous avions ont fondu comme neige au soleil. Je rationne la nourriture. Sauf pour Nassim. En fait, je prépare à manger pour lui uniquement et je me contente des restes. Au début, Daesh nous fournissait quelques colis alimentaires, mais nous ne recevons plus rien depuis longtemps. Ils disent qu'il y a trop de familles à nourrir, qu'ils n'ont plus assez d'argent. Il faut se serrer la ceinture et, en même temps, presque tous les soirs, Oussama ramène des « frères » à la maison. Je dois leur préparer le repas.

Souvent, je cuis quelques œufs avec des oignons ou je prépare des pâtes à la sauce tomate, alors que nous n'avons déjà pas grand-chose. En plus, la présence de ces types m'oblige à rester cloitrée dans la chambre. Je me demande de quoi ils parlent toute la soirée. Je comprends juste que ces « réunions » sont autant de moments de bourrage de crâne mutuel. Cette situation est une source supplémentaire de stress, mais aussi de disputes avec Oussama. Non seulement nous n'avons plus de moments en famille, mais en plus, je suis enceinte et mal nourrie. À presque cinq mois de grossesse, on ne voit absolument pas que j'attends un bébé.

Cette malnutrition et une fatigue toujours intense me poussent à consulter, une nouvelle fois, la gynéco allemande. À ce stade de la grossesse, je ne devrais plus être si fatiguée, d'autant que la journée, je ne fais pas grand-chose. Nassim m'accompagne à la consultation. La gynécologue me fait une échographie. Le matériel est vétuste, les images pas très précises, mais suffisamment explicites pour constater que le bébé ne grossit pas bien. Le médecin me dit que la sous-alimentation n'explique pas tout. Elle pense que je souffre d'une infection virale. D'après elle, je devrais consulter dans un hôpital turc où ils sont beaucoup mieux équipés. J'en parle immédiatement à mes parents. Ce serait l'occasion rêvée de m'échapper.

« Maman, je vais essayer d'obtenir une autorisation pour aller en Turquie pour faire des examens médicaux.

— Pourquoi Laura ? Tu as des soucis ?

— C'est le bébé, ça ne se passe pas bien. Il reste trop petit. Mais si je peux aller en Turquie, vous pourriez venir me chercher ! Ce sera beaucoup plus facile que l'autre fois !

— Dis-nous quand tu peux y aller. On sera là, évidemment ! »

L'espoir de revoir les miens renait ! Oussama est d'accord de solliciter un laissez-passer auprès l'*émir*. Mon moral revient, mais j'essaie de ne pas trop changer d'attitude. L'attente de la réponse de l'*émir* est un supplice. J'interroge Oussama tous les soirs jusqu'à ce que la sentence tombe. Une fois de plus, c'est non. « Si ta femme doit mourir, c'est la volonté d'Allah », a dit l'*émir*. La phrase habituelle, en somme. J'aurais dû m'y attendre.

« C'est ignoble ! Ils n'ont pas le droit de nous retenir prisonniers ici ! Ce n'est pas comme ça qu'on nous avait présenté les choses ! Je ne vais pas bien, le bébé non plus. On ne peut plus rester ici ! Il faut rentrer en Belgique. Notre enfant doit vivre !

— Tu ne te rends pas compte. C'est impossible de partir comme ça. Il faut être patient.

— Mais toi, t'en as pas marre d'ici ? Tu trouves que c'est bien ? Tout est comme tu l'avais imaginé ?

— J'avoue que je commence à me poser des questions. Je ne veux pas qu'il arrive quelque chose à notre bébé.

— Qu'est ce que tu te poses comme questions ? Je peux savoir ?

— Je préfère ne pas en parler, mais j'ai vu des choses qui ne me plaisent pas du tout. Et puis, je ne veux pas qu'il vous arrive quelque chose, à toi ou aux enfants.

— En plus, si tu meurs, je serai obligée de retourner dans une *madafa* ! Tu sais très bien que je ne pourrai en sortir qu'en épousant quelqu'un d'autre.

— Je ne veux pas ça, tu le sais. »

Quelque chose est en train de changer dans l'esprit d'Oussama. Je le sens, je l'espère. Il est mon billet de sortie. Sans son aide, je ne partirai jamais d'ici. Maintenant, il y a urgence pour mon bébé.

Al-Bab, décembre 2014

Au cinquième mois de grossesse, je n'ai toujours pas pris un gramme. C'est bientôt Noël, la déprime m'envahit. Dehors, il neige, tout est blanc, mais évidemment, rien ne rappelle que Noël approche. La minorité chrétienne a quitté la ville. Pour la première fois, je ne serai pas avec ma famille le 24 décembre. Même après ma conversion, j'ai toujours passé le réveillon de Noël avec mes parents, ma sœur, mon oncle et ma tante. Pour eux, ça va être terrible sans Nassim. Heureusement, je continue à beaucoup communiquer avec mes parents. Je leur promets que, l'an prochain, nous fêterons Noël ensemble. Je pleure souvent. Oussama m'interroge. Il se montre attentif. Le 24, je me lève plus désespérée que jamais. Je m'occupe pour ne pas trop penser. Le ménage, les cours du petit, la sieste. Le soir, Oussama rentre plus tôt que d'habitude. Je suis dans la chambre avec Nassim, la seule pièce chauffée par notre petit convecteur au mazout.

« Bonsoir, j'ai une surprise !

— C'est quoi ?

— Comme j'ai vu que tu n'étais pas bien, j'ai acheté quelques bonnes choses et j'ai un petit cadeau pour Nassim ! »

Oussama a acheté du poulet, des frites, de l'houmous et un gâteau au chocolat en forme de cœur pour le dessert. J'étale une nappe sur le sol et nous nous installons pour manger. Nassim est aux anges. Je n'en reviens pas. Nous sommes en train de fêter Noël en plein cœur d'un fief de Daesh. Cette idée me réjouit, je me sens libre avec, en prime, une sensation de revanche sur cet *émir* qui m'empêche de me rendre en Turquie. Je n'imaginais pas qu'Oussama ferait ça pour moi. Nous passons une agréable soirée. On s'en fout complètement de ce que peut bien en penser Daesh. On rigole comme des fous. Oussama prend vraiment du plaisir à fêter Noël. Il est en train de basculer, de revenir complètement de l'autre côté du miroir.

Le lendemain soir, des « frères » viennent à nouveau manger à la maison. Nassim les accueille en leur lançant un « Joyeux Noël » ! Je le regarde avec de grands yeux et le supplie de ne pas dire ça. Heureusement, les « frères » ont rigolé. Oussama tente de l'excuser en leur disant qu'il dit ça pour blaguer. Pourvu qu'il ne leur raconte pas la fête improvisée d'hier !

Les jours qui suivent cet épisode épique, Oussama n'a pas l'air bien. Il est taiseux et semble préoccupé.

« Dis-moi ce qui ne va pas, *hobi*.

— On ne mange pas assez, on pue le mazout avec ce foutu convecteur. Je n'en peux plus de ne pas pouvoir prendre une douche chaude. Tu es enceinte et tu n'as même pas le strict minimum. En plus, il n'y a pas de respect ici. Je suis dégouté !

— Rentrons en Belgique ! S'il te plait !

— Je n'ai pas envie d'aller en prison. Ici, je suis libre. Je préférerais peut-être aller en Tunisie.

— Mais tu sais que là-bas ce serait pire !

— Je sais pas. Et puis, comment faire ? J'ai pas tellement de liberté non plus. Si je disparais, ils vont se mettre immédiatement à ma recherche. Et s'ils nous trouvent, on risque la mort, la torture. Ils pourraient aussi nous tuer et garder Nassim. En plus, tu sais que je suis très surveillé depuis ta fugue !

— On doit essayer.

— Je vais réfléchir, même si je ne crois pas que ce soit une bonne idée de rentrer en Belgique. »

Oussama ne me raconte pas grand-chose de ce qu'il voit ou fait de ses journées. Quand il me dit qu'il est dégouté, je sais que c'est aussi par ce qu'il a vu ici. La violence, la misère, la guerre, l'hypocrisie, le leurre que Daesh est, en définitive. Sentir qu'il est enfin prêt à nous exfiltrer me redonne du courage.

Bizarrement, mon ventre, qui ne se voyait toujours pas au cinquième mois de grossesse, apparait du jour au lendemain. Tout d'un coup, je le vois enfin s'épanouir. Mon ventre « sort » au moment précis où je peux enfin croire que notre « sortie » à nous va aussi devenir une réalité.

En attendant d'avoir un plan pour nous échapper, la vie continue. Nous essayons de rire, d'aller de l'avant. Je préviens mes parents de ce changement d'attitude d'Oussama. Ils sont soulagés.

Quelques jours plus tard, un matin, je reçois un appel de mon père. Il est contrarié.

« Laura, fais attention, j'ai eu un appel de Turquie. J'ai appris que des mercenaires s'étaient lancés à ta recherche.

— Comment ça ?

— Je leur avais dit de ne rien faire sans mon accord. Je ne comprends pas bien ce qui se passe, mais je voulais te prévenir.

— Mais papa, ça peut être dangereux pour nous!

— Je sais. Je ne comprends pas, la situation m'échappe. Je suis désolé. Dis-le à Oussama, il saura peut-être quoi faire! Surtout que, d'après ce qu'on m'a dit, tout Al-Bab connait votre histoire maintenant!»

Quand Oussama rentre à la maison, je lui raconte tout. Cette histoire le rend très nerveux.

«On n'est plus en sécurité ici! Il faut absolument qu'on change de maison. Dès demain je vais nous trouver un autre endroit.»

Le logement dégoté par Oussama est vraiment minable. C'est un rez-de-chaussée avec une cour. Petit, sans meubles et sans douche. Nous quittons un confort relatif pour un véritable taudis. Et comme nous avons décidé de nous enfuir, nous profitons de ce déménagement pour vendre nos canapés. Il ne nous reste que deux matelas, la machine à laver et la cuisinière. En passant le pas de la porte avec mes deux misérables sacs, je fonds en larmes.

«Ce n'est pas possible!

— Je sais.

— Pourquoi t'as pris ça?

— De toute façon, on se casse, non? Je suis bien décidé!»

J'essaie de voir le positif. C'est sans doute la dernière étape avant le retour en Belgique. En plus, il y a cette petite cour. Nassim pourra s'aérer, jouer au ballon. Apparemment, il y a d'autres enfants dans l'immeuble. Comme nous sommes au rez-de-chaussée, je pourrai le surveiller plus facilement si je le laisse jouer dans la rue.

Al-Bab, le 7 janvier 2015

Il fait de plus en plus froid et nous n'avons pas beaucoup d'argent pour le chauffage. Nous passons des journées entières à côté du poêle à mazout dans l'unique pièce chauffée de l'appartement. Je n'en peux plus de cette odeur, du manque de nourriture et du froid. Vers midi et demi, je suis tirée de ma torpeur par de violents coups sur la porte d'entrée. Je sursaute. C'est Oum Malek.

« *Allahou akbar! Allahou Akbar*!

— Qu'est-ce qui se passe?

— Ils ont tué Charlie Hebdo! »

Je ne comprends pas tout de suite de quoi elle parle ni pourquoi elle se réjouit à ce point. Oum Malek m'explique que des « frères » ont tué des dessinateurs blasphémateurs à Paris. Je suis étonnée par ce que je viens d'apprendre, mais je reste impassible pour ne pas éveiller de soupçons. Voir ces femmes se réjouir de la mort d'innocents me heurte.

Plus le temps passe et plus je désespère de pouvoir un jour rentrer en Belgique. Oussama est décidé à partir, mais l'entreprise est très risquée. Au danger s'ajoute une autre difficulté: mes parents n'ont plus d'argent. Pour venir nous chercher, il faut à nouveau payer des billets d'avion, les visas, les taxis, les hôtels. Ils vont peut-être devoir vendre la caravane qu'ils possèdent à la côte. Cette idée me donne le cafard. J'ai tellement de bons souvenirs de ces vacances à la mer en famille. J'y allais depuis que j'étais gamine. Au camping, mon père est le roi de la pétanque et ma mère nous choyait encore plus qu'à la maison. Cette caravane est importante pour eux; c'est leur seul plaisir, leur seul petit luxe. Ils sont prêts à s'en séparer pour moi. Une fois de plus, je me prends leur amour en plein cœur. De son côté, Oussama élabore une stratégie pour fuir. Il faut trouver une route qui ne soit pas trop contrôlée.

En attendant que notre plan d'évasion soit au point, nous continuons à vivre normalement, pour ne pas éveiller les soupçons. Le ménage pour moi, le boulot pour Oussama, les invitations chez les amis. Les occasions de bien manger, nous ne les refusons pas. J'ai faim à force de me priver. Ce n'est pas bon pour mon bébé, et nous devons avoir de l'énergie pour réussir notre évasion. Une fête se prépare justement chez Oum Malek. Sa nièce de 15 ans est arrivée il y a un mois. Elle va se marier et nous sommes invités. Je suis tellement amaigrie que nos hôtes m'interrogent.

« Qu'est-ce que tu as, Oum Nassim ? On dirait une revenante !

— Ça va, je suis juste un peu malade avec la grossesse. »

J'ai bien profité du repas. Le mariage s'est déroulé un peu comme le mien. Les femmes dans une chambre de la maison, les hommes dans l'immeuble d'en face. Les mariés se retrouvent à la fin de la soirée. Il y a une bonne ambiance chez les femmes. Des cadeaux sont offerts à la mariée. Elle est magnifique dans sa robe traditionnelle algérienne beige et or. Je me demande comment elle s'est débrouillée pour avoir ça ici. Elle a dû l'emmener dans ses bagages. Malgré sa belle tenue de femme, c'est bien une enfant qui se tient devant moi. Une gamine de 15 ans. Elle est bien trop jeune, mais c'est habituel ici. Daesh n'hésite pas à marier les petites filles dès l'âge de 12 ans. Je trouve ça particulièrement révoltant.

J'essaie de ne pas me laisser envahir par mon trouble pour ne pas me faire remarquer. Ce moment de fête m'a, malgré tout, fait du bien. Nous rentrons, repus, à la maison. Je m'endors en imaginant la joie de Nassim le jour où il retrouvera son papy et sa mamy. J'espère que ce rêve se réalisera bientôt.

Évasion

Al-Bab, mars 2015

Je désespère. Oussama est théoriquement d'accord de fuir cet enfer, mais le plan n'est toujours pas au point. Il a peur et ne voit pas comment on pourrait s'en sortir vivants. Mes parents ont proposé de nous exfiltrer sous la protection de l'ASL. Oussama ne veut pas. Il ne leur fait pas confiance et ne se sent pas prêt à se lancer dans une évasion de cette manière. La première difficulté consiste à trouver un moyen de quitter le pays ; ensuite, il y a aussi le sort qui nous sera réservé à notre retour. Oussama craint de revenir en Belgique. Il sait qu'il risque la prison. Ça implique forcément de ne pas voir naitre et grandir son enfant. Comme moi, il a peur que les autorités ne nous retirent la garde de Nassim et du bébé à venir. Mais rester n'est pas une solution. Notre vie est un enfer. Daesh, un monstre à l'ombre duquel je ne veux pas voir grandir mes enfants.

« Je n'en peux plus, Oussama. Il faut que tu te décides. Soit tu pars maintenant avec moi, soit, un de ces jours, quand tu rentreras à la maison, nous ne serons plus là.

— Non, je veux partir aussi. Je n'en peux plus. »

Un élément va précipiter sa décision. Ma grossesse se passe de plus en plus mal. Le bébé ne grossit toujours pas. Nous retournons voir la dame allemande. Cette fois, les nouvelles sont vraiment alarmantes. Si je ne suis pas soignée, mon bébé va mourir. Je lis l'inquiétude sur le visage d'Oussama. C'est le déclic. Il me dit de préparer nos affaires. Nous partirons d'un jour à l'autre.

J'appelle mes parents.

« Maman, ça va être le moment ! Quand pouvez-vous venir ? Oussama me dit que notre départ est imminent.

— OK, je vais trouver des billets d'avion. Nous n'avons plus d'argent, il me faudra une nouvelle carte visa, mais tant pis. Ne t'inquiète pas, on fera ce qu'il faut. »

Oussama s'est décidé pour un itinéraire, une route secondaire peu surveillée par les soldats de Daesh. Il y aura quand même deux *checkpoints* à traverser mais, avec son laissez-passer, nous ne devrions pas avoir de problèmes. Un passeur nous attendra pour nous aider à franchir la frontière. Je dis à mes parents qu'ils doivent patienter à Karkamis, une ville turque à deux kilomètres de la frontière syrienne. Pour le reste, ce sera au culot. Oussama n'aura aucune excuse pour son absence au travail. Il se présentera le matin puis s'éclipsera discrètement. Il faudra agir vite et, surtout, ne pas se tromper. Quand les « frères » s'apercevront de son absence, ils se mettront immédiatement à notre recherche.

La veille du départ, c'est l'anniversaire de Nassim. Je tiens absolument à le fêter. Oussama se plie à ma demande et va nous chercher un gâteau. Il râle un peu quand j'achète un jouet pour avoir un cadeau à offrir au petit.

« Est-ce bien nécessaire ? Demain, on s'en va ! On ne pourra même pas l'emporter.

— Nassim n'est au courant de rien. Je tiens à fêter cet anniversaire. Nul ne sait ce qui nous attend demain... »

Le jour J, tout est en place. Mes parents sont bien arrivés à la frontière avec Dominique, l'homme qui avait déjà accompagné mon père en septembre. J'ai préparé un sac avec le strict minimum. Quelques vêtements et de la nourriture. Nous partons dans une heure, le temps qu'Oussama se montre à son poste de travail et revienne me chercher. J'en profite pour contacter ma sœur sur *Facebook*.

« Maria, j'ai peur ! J'espère que nous serons bientôt réunis.

— Courage, Laura. On vous attend ! Sois prudente, je t'en supplie !

— C'est quitte ou double. On fera notre possible. Je t'embrasse. À bientôt *inch'Allah*. »

Treize heures. Oussama est de retour. Il s'est échappé en douce de son poste de travail. Pour assurer notre fuite, il a loué une grosse voiture. Nous sommes attendus par nos passeurs à quinze heures à proximité de la frontière. Il n'y a pas une minute à perdre. À partir de maintenant, nous sommes des traitres en cavale. Nous ne savons pas combien de temps les hommes de Daesh mettront pour s'en rendre compte. Je dis à Nassim que nous partons en excursion pour ne pas lui révéler le véritable but de notre voyage. J'ai trop peur de sa déception, si nous échouons.

Pour ne pas éveiller les soupçons de nos voisins, nous avons prétexté que l'*émir* nous a attribué une nouvelle villa. Ça nous donne une bonne raison de partir dans une belle voiture avec nos sacs. Oussama emporte des armes, mais laisse son *talkie-walkie* à la maison. En quittant les lieux, le crépitement de l'appareil me donne un coup de stress. Cette fois, c'est notre dernière chance. Si ça ne marche pas, nous ne rentrerons plus jamais.

Nassim ne perçoit pas le danger. Il est tout heureux de partir en balade. Nous montons dans la voiture. Le compte à rebours est lancé. Je regarde la ville en espérant que c'est la dernière fois que je la vois. J'appelle ma mère pour la prévenir que nous sommes en route. Notre arrivée à la frontière est prévue pour quinze heures, si tout va bien. Dans la voiture, nous n'échangeons pas un mot, la concentration est maximale. J'ai peur, mais je fais confiance à Oussama. Après quelques kilomètres, c'est déjà le premier *checkpoint*. Oussama exhibe son laissez-passer. Les « frères » ne posent aucune question ; nous franchissons cet obstacle sans problème. Je respire.

Nous roulons encore trois quarts d'heure avant de rencontrer le *checkpoint* suivant. La tension monte dans la voiture. Le téléphone d'Oussama a déjà vibré deux fois. Ce sont des messages *WhatsApp* envoyés par ses « collègues ». Il ne les lit même pas. Le poste de contrôle apparait à l'horizon. Nous échangeons un regard, mais toujours pas un mot. Sont-ils déjà informés de notre fuite ? Nous ralentissons. Deux hommes approchent. Après quelques phrases échangées en arabe avec Oussama, ils libèrent la route.

La deuxième phase de notre fuite peut débuter. La frontière n'est plus très loin. Nous passons par des villages qui ne sont pas encore contrôlés par Daesh. De temps en temps, nous croisons tout de même un pick-up de l'« État islamique ». La zone n'en est pas spécialement moins dangereuse, car cela pourrait paraitre suspect qu'une famille se déplace, avec ses bagages, sur cette route. Oussama roule à vive allure. Dans une demi-heure, nous aurons rejoint le lieu où nous avons prévu de traverser la frontière. Mieux vaut ne pas se faire surprendre à cet endroit. Oussama est très nerveux. Nous arrivons enfin. De l'autre côté, c'est la Turquie. Les passeurs devraient déjà être là, mais nous ne voyons personne. J'appelle ma mère.

« Nous sommes au point de rendez-vous, mais les passeurs ne sont pas là !

— Les Turcs les empêchent de passer, ils les ont repérés.

— Comment va-t-on faire ?

— Malheureusement, vous devez y aller seuls. Il y en a pour quinze minutes de marche.

— Maman, j'ai trop peur. Les Turcs pourraient nous tirer dessus ! »

Pas le choix, il faut y aller. De toute façon, attendre dans la voiture n'est pas une bonne idée non plus. Nous abandonnons le véhicule et les armes. Nassim se demande pourquoi nous descendons de la voiture. Je lui dis que c'est une promenade. Il fait quarante degrés, j'enlève ma burqa et ne garde que le jilbab. Sous cette chaleur étouffante, je commence à avoir des nausées.

Notre ascension sur le sentier rocailleux est une véritable épreuve. Oussama prend Nassim dans ses bras pour accélérer la cadence. Il a peur que nous ne soyons repérés de la route. J'ai beaucoup de mal à avancer avec mon gros ventre et les sacs. Je n'arrête pas de trébucher. Nous croisons des Syriens qui nous lancent des regards interrogateurs. Ça fait maintenant plus de deux heures que nous sommes partis, et le portable d'Oussama n'arrête plus de vibrer. Les hommes de Daesh doivent nous chercher. Ils sont certainement déjà allés voir à la maison. J'ai de plus en plus de mal à respirer.

« Oussama, je t'en prie. Il faut que je m'arrête un peu, juste quelques minutes.

— Non, désolé. On doit avancer. Ils pourraient arriver d'une minute à l'autre. Nous devons traverser la frontière le plus vite possible. Courage !

— Je n'en peux plus ! »

Je suis en pleurs mais j'avance. Un quart d'heure de marche dans la poussière, sous un soleil de plomb. Pour me soulager, Oussama porte tous les sacs en plus de Nassim. On dirait que sa force s'est décuplée tout à coup. Il avance sans dire un mot et les messages continuent de retentir sur son portable. Je sursaute à chaque sonnerie. Il finit par me hurler dessus pour que j'avance plus vite. Il me tire, il fait tout pour nous sortir de là vivants. Au loin, on entend des voitures passer. De l'une d'elles s'échappent les notes de musique d'un *nasheed*[1]. C'est sans aucun doute un pick-up de Daesh. Heureusement, ils ne peuvent pas nous voir depuis la route. Leur proximité me glace le sang. Et s'ils découvraient la voiture abandonnée en bas du chemin ?

Nous apercevons enfin les barbelés de la frontière. Ils sont dressés là, au milieu de nulle part, dans ce paysage désertique et rocailleux. Pour s'en approcher, il faut escalader une pente et puis se laisser glisser dans un fossé. Les militaires nous voient arriver, ils viennent vers nous avec leurs mitraillettes. Oussama essaie de leur dire que nous souhaitons passer, que notre famille nous attend en Turquie. C'est un refus catégorique. Pour les soldats, il est hors de question de nous laisser entrer sur le territoire turc.

« *Go back to where you came from! Go back to Daesh!*[2] »

Oussama tente d'expliquer que nous sommes Européens, que je suis enceinte, que nous voulons rentrer en Belgique, mais les soldats ne veulent rien entendre. Ils nous disent que nous devrons dormir là, dans un trou, en attendant qu'ils prennent des renseignements. L'un d'eux lance une bouteille d'eau pour le petit qui meurt de soif.

---

1. Poème musical musulman.

2. Retournez d'où vous venez ! Retournez chez Daesh !

Je commence à paniquer. Attendre sur le territoire syrien n'est pas une option. Tant que nous sommes ici, nous pouvons nous faire prendre par Daesh. Si c'est le cas, les soldats turcs ne pourront rien faire pour nous sauver. Mes parents sont juste de l'autre côté, à Karkamis, à quelques kilomètres. Je les appelle pour les informer de la situation.

« Maman, c'est fini, on ne va jamais s'en sortir ! Ils ne nous laissent pas passer.

— Ne paniquez pas. On va tout faire pour vous sortir de là. Dominique connait un haut gradé de la police militaire turque. On va le contacter tout de suite.

— Je vous en prie, faites vite ! »

Oussama est très stressé, je suis en larmes, Nassim se demande ce qui se passe. Je ne lui ai toujours pas expliqué que papy et mamy sont là. Les deux passeurs qui devaient venir nous chercher arrivent près des barbelés, côté turc. Ils tentent de nous rassurer. Nassim commence à avoir froid et faim. Le soir tombe quand ma mère appelle enfin pour dire que le haut gradé arrive. Un des soldats reçoit un appel quelques minutes plus tard. Il nous fait signe : nous pouvons passer. Oussama ouvre un passage dans la clôture. De l'autre côté, c'est un fossé. Je pousse Nassim sous le grillage, il glisse dans la tranchée. Je me lance à mon tour. Ma robe reste coincée dans les barbelés et se déchire. Une fois au fond du trou, il faut remonter. Les soldats hissent Nassim assez facilement. Avec mon gros ventre, je n'arrive pas à escalader le talus. Les militaires m'aident tant bien que mal. Je n'arrive pas à y croire. Nous sommes sauvés.

Nos sacs sont fouillés, puis nous montons dans une camionnette. J'appelle ma mère. Elle me dit que les militaires vont nous conduire auprès d'eux, à Karkamis, une ville tout près d'ici. Je suis soulagée, mais Oussama dit que la camionnette n'a pas pris le bon chemin. Où nous emmènent-ils ? Je veux rappeler ma mère encore une fois, mais les soldats me demandent de ranger mon téléphone. Nassim a peur, il demande où on va. Je lui promets que tout ira bien. La panique m'envahit, j'essaie d'accrocher mon regard à quelque chose pour ne pas défaillir. Un arbre, une maison, une voiture qui passe. Comme si les éléments extérieurs pouvaient me rassurer sur notre destination finale. La camionnette s'arrête enfin dans un grand parking. Nous sommes devant une caserne de la gendarmerie. Oussama est pessimiste.

« Tes parents ne nous attendent certainement pas ici ! »

Les militaires nous escortent dans le bâtiment. La porte s'ouvre sur une petite salle d'attente. Ils sont là ! Ma mère en train de fumer une cigarette, mon père la tête entre les mains. Je ne les reconnais plus. Ils ont maigri, leurs traits sont tirés. Ils courent vers nous. Nassim a l'air perdu et heureux à la fois. Il reste figé, saisi par la surprise de ces retrouvailles inattendues.

« Nassim, mon chéri, c'est moi, c'est mamy ! Tu m'as tellement manqué ! »

Ma mère serre Nassim dans ses bras et le couvre de baisers. Mon père est à genoux, il pleure. Les policiers turcs nous regardent, émus. Je me jette dans les bras de ma mère et Nassim saute au cou de son papy. Je présente Oussama à mes parents. Un petit malaise s'installe, mais il est de courte durée. La joie d'être réunis prend le dessus et Nassim nous ramène à sa réalité de petit garçon de 5 ans.

« J'ai faim !

— Et toi, Laura ? Tu dois aussi avoir faim ! Je vais réclamer à manger ! En attendant, montre-moi ton ventre !

— Regarde, on le voit bien maintenant !

— Oui, ça va. Tu as quand même un beau ventre bien rond, je suis rassurée. »

Les gendarmes nous apportent des sandwiches et emmènent Oussama pour l'interroger. Nous patientons encore une heure, puis nous sommes autorisés à rejoindre l'hôtel réservé par mes parents à Gaziantep, à environ soixante-dix kilomètres de là. Je suis positivement étonnée par cette attitude laxiste, mais je ne pose pas de question. On ne sait jamais, les policiers pourraient changer d'avis. À l'hôtel, deux représentants de l'ambassade belge nous attendent. Ils sont là pour constater notre état de santé et voir si nos papiers sont en ordre. Nos visas turcs ne sont évidemment plus valides.

Après leur départ, je me précipite sous la douche. Depuis des mois, on se lave avec des bassines et des casseroles. L'odeur de mazout de notre petit poêle ne nous quittait plus puisque nos vêtements séchaient dans ses émanations. Je reste une heure sous le multijet. Le stress de neuf mois d'enfer coule et s'évacue avec le savon. C'est la meilleure douche de ma vie. Mes parents ont pensé à nous apporter des vêtements propres, c'est merveilleux ! Nous profitons de la suite familiale, une double chambre avec une énorme salle de bain. Oussama traine, lui aussi, sous la douche. J'entends rire ma mère au moment où il en sort.

« Laura, viens voir Oussama !

— Quoi ?

— Il s'est rasé !

— Oh, t'es bizarre sans barbe ! On dirait un gamin ! »

Tout le monde rigole. Ce moment en famille est réconfortant. Mes parents nous expliquent que je bénéficie d'une assistance consulaire, qu'ils ont prévenu les autorités belges de leur démarche, de notre retour. Ils sont en contact avec les Affaires étrangères en Belgique et avec l'ambassade à Ankara. Notre intention n'est absolument pas de nous soustraire à la justice. Je me demande ce qui va nous arriver. Ma mère est incapable de me le dire. De toute façon, je suis épuisée. On verra demain. Je sais que c'est loin d'être terminé, qu'il y aura encore des interrogatoires et sans doute des arrestations. Oussama laisse Nassim dormir avec moi dans le grand lit. Il se contente du lit pliant. Une belle attention de sa part après l'horrible journée que nous venons de vivre.

À sept heures, je suis déjà réveillée. J'envoie immédiatement un texto à ma mère qui dort dans la chambre voisine pour qu'elle me rejoigne, si elle est éveillée. Nassim allume la télévision et regarde des dessins animés. Maman me dit que nous avons un vol dès le lendemain pour rentrer en Belgique.

« Aujourd'hui, on peut profiter de la journée pour se balader et faire un peu de shopping, si tu veux.

— J'adorerais ! Je vais vite me préparer. »

Ma mère s'occupe du petit pendant que je prends ma douche. Oussama me suit dans la salle de bain. À ce moment, on frappe à la porte. Ce sont deux policiers turcs. Ils nous invitent fermement à les suivre pour nous entendre et m'emmener voir un médecin. Dominique s'en mêle. Ma mère intervient.

« Quoi ? On doit partir tout de suite ? Mais on n'a même pas encore pris de petit déjeuner ! C'est hors de question. D'abord, on prend un café, et puis on y va. Traduis pour moi, s'il te plait, Dominique.

— OK, je traduis, mais je pense qu'ils ne veulent pas forcément que tout le monde les accompagne.

— Je ne lâche pas ma fille et mon petit-fils. S'ils veulent les emmener, ils devront me prendre aussi ! »

Malgré son mètre quarante-cinq, ma mère est impressionnante. Sa détermination n'a pas de limites. Les deux policiers s'inclinent. Ils nous accordent quelques minutes pour manger un morceau, et nous partons tous ensemble, mes parents ne veulent absolument pas nous quitter.

Les inspecteurs nous escortent jusqu'à un des hôpitaux du centre-ville. Un médecin me reçoit immédiatement. L'entrevue ne dure que quelques minutes. La consultation consiste simplement à me demander si je me sens suffisamment en forme pour supporter le voyage jusqu'en Belgique. Je dis que oui, et il rédige une attestation. Après cette visite éclair, les policiers nous emmènent au commissariat pour signer d'autres papiers rédigés en turc. Je ne comprends rien mais je signe tout. La tournée n'est pas terminée. Je commence à me demander à quoi rime ce cinéma.

Il est midi quand nous arrivons devant un imposant bâtiment de couleur claire. Les policiers sont courtois ; ils nous conduisent dans un local gris et vide et nous apportent des *durums* et des frites. Un des inspecteurs parle italien. C'est une chance, nous allons peut-être avoir quelques informations. Ma mère comprend qu'il s'agit d'une simple routine. Les documents à signer concernent tous mon transfert vers la Belgique et une interdiction de séjour en Turquie. Après ces formalités, commencent les interrogatoires en anglais. Les policiers veulent savoir ce que nous faisions en Syrie, pourquoi nous sommes partis, pourquoi nous avons fui, quelles sont nos intentions. Mes parents tentent d'occuper Nassim dans la salle d'attente. Le petit se montre très patient, bien que les auditions durent tout l'après-midi. En début de soirée, nous sommes conduits dans un autre lieu encore plus inquiétant. On dirait une prison. J'ai un mauvais pressentiment. Nous entrons tous ensemble dans un couloir. La porte se referme derrière moi. Mes parents sont de l'autre côté. Je regarde le policier d'un air interrogateur. Les explications ne se font pas attendre. Nous sommes considérés comme des illégaux sur le territoire turc, car nos visas ne sont plus valables. Les autorités locales veulent nous placer dans un centre fermé jusqu'à notre retour en Belgique. Une femme m'explique que nous devrons rester ici deux jours. Nassim est avec moi.

« Il est hors de question que mon fils soit enfermé ! Il faut le confier à mes parents ! Je refuse qu'il soit emprisonné. S'il vous plait, faites le sortir !

— Il n'y a pas de problème, madame, mais vous devez signer une autorisation pour vos parents. »

J'explique à Nassim que je dois rester là avec Oussama, et qu'il va partir avec papy et mamy. Il se met à hurler.

« Je veux rester avec toi, maman ! Je ne veux pas qu'on te mette en prison ! »

C'est trop d'émotions depuis hier pour Nassim. Il ne comprend pas pourquoi on veut nous séparer, Ces neuf derniers mois, nous sommes restés ensemble pratiquement vingt-quatre heures sur vingt-quatre. Dans le chaos de la vie en Syrie, entre la violence et les bombardements, j'étais son repère, son refuge. La séparation dans ce décor sinistre est un traumatisme de plus pour le petit. Je ne parviens pas à le calmer. Les gardiens le poussent dehors. La scène est impressionnante.

« Nassim, calme-toi, on se verra demain, je te le promets. Je t'aime. C'est juste pour quelques jours. Mamy et papy vont bien s'occuper de toi. »

Oussama est emmené à l'étage, dans l'aile réservée aux hommes. Les gardes me conduisent dans la zone des femmes : quatre chambres, une toilette et une douche. Nous sommes une bonne trentaine de personnes dans un espace qui ne dépasse pas trente-cinq mètres carrés. Dans ma chambre, nous sommes sept ! Les femmes sont enfermées avec leurs enfants. Je suis soulagée d'avoir laissé Nassim à mes parents. Je n'aurais pas supporté de le voir dans cet endroit sordide.

Je fais connaissance avec une Russe. Elle est là avec ses jumeaux de 7 ans. Dans ma chambre, il y a aussi une Chinoise avec deux petites filles de moins de 5 ans. Je signale à la gardienne que j'ai faim. Elle m'apporte un petit pot pour bébé. La Russe me donne un peu de pain sec. J'avale le tout. La chambre est équipée de caméras. Nous sommes sous surveillance en permanence. Dans la chambre voisine, il y a des Bruxelloises. L'une d'elles m'explique qu'elle a voulu rejoindre son époux en Syrie. Elle l'a épousé par S*kype* depuis Bruxelles. L'autre est là avec un bébé. Elle vivait en Syrie mais est rentrée en Belgique pour accoucher. Ensuite, elle a tenté de retourner en Syrie pour rejoindre son mari djihadiste à Raqqa. Elle a été arrêtée à la frontière et amenée dans ce centre fermé.

En fait, les femmes autour de moi ont toutes été arrêtées alors qu'elles tentaient de se rendre en Syrie. Quand elles me demandent de raconter mon histoire, je suis obligée de mentir !

Je ne peux pas leur dire la vérité. Je serais une traitresse à leurs yeux.

« J'étais en Syrie, mais je suis venue en Turquie avec mon mari pour soigner mon bébé avant de retourner à Al-Bab. Et moi aussi j'ai été arrêtée au moment de traverser la frontière.

— Mais pourquoi tu es venue en Turquie pour te faire soigner ? Il y a de bons hôpitaux en Syrie !

— C'est vrai, mais j'avais besoin de soins spécifiques. Toi, tu es bien allée en Belgique pour accoucher !

— Ce n'est pas faux ! Et ton mari est là aussi ?

— Oui, il a été arrêté aussi. Que vont-ils faire de nous ?

— À mon avis, nous renvoyer d'où on vient tout simplement.

— En rentrant en Belgique, on est envoyés en prison ?

— Ça dépend de ce que vous raconterez ! »

Je suis mal à l'aise avec ces femmes. Il y a neuf mois, j'étais comme elles, déterminée à me rendre en Syrie. Convaincue d'être dans la vérité. Je me sens si différente maintenant. Pour ne pas attirer l'attention, je me fais toute petite en me blottissant dans mon lit. Les filles m'indiquent un moyen pour communiquer avec Oussama.

« Si tu grimpes sur le lit, tu peux facilement t'asseoir sur l'appui de fenêtre, là en haut. Il y a des barreaux, mais tu peux facilement ouvrir la lucarne. Les hommes sont juste au-dessus. Tu pourras communiquer avec ton mari. »

J'hésite un peu à cause de la caméra de surveillance, mais l'envie de savoir comment va Oussama l'emporte.

« Oussama, ça va ?

— Oui et toi ?

— Ça peut aller, mais il n'y a pas à manger.

— Je sais, mais ne t'inquiète pas. On ne restera pas longtemps, deux ou trois jours maximum.

— Tant mieux parce que je ne tiendrai pas longtemps sans Nassim. »

Je sympathise avec les Belges. Elles sont là depuis plusieurs mois parce qu'elles refusent leur extradition.

« Vous n'allez quand même pas rester indéfiniment ici avec vos enfants ? Ce n'est pas une vie pour eux, d'être enfermés.

— Si on rentre en Belgique, qui nous dit qu'on nous laissera nos enfants ?

— C'est vrai. J'ai peur, moi aussi, pour mon bébé. Mais de toute façon, ils ne vous laisseront jamais passer en Syrie. Il vaut mieux rentrer en Belgique, même si vous avez des problèmes.

— Peut-être… »

Dans la chambre voisine, il y a une jeune fille de 15 ans. Elle veut s'évader du centre fermé pour entrer en Syrie. Elle a fui la France, car ses parents l'avaient forcée à avorter. Elle ne veut pas retourner chez eux. Sa situation me bouleverse. Elle est si jeune, elle me fait penser à Samia, la jeune fille rencontrée à Raqqa. Je me demande ce qu'elle devient. Je n'ai plus jamais eu de contact avec elle.

Le lendemain, mes parents viennent me rendre visite. Nassim a l'air triste. Pourtant, il y a une bonne nouvelle. Ma sortie est prévue pour le jour suivant. Nous prendrons un vol tôt le matin.

« Tout est arrangé, Laura. Une policière turque nous accompagnera pour vérifier que tu montes bien dans l'avion.

— Tu vois, Nassim ? Dès demain, nous serons ensemble et nous rentrons en Belgique !

— Cool ! Je suis content, maman ! »

L'après-midi, je suis emmenée avec Oussama dans un autre bâtiment où des policiers nous photographient et enregistrent nos empreintes digitales. Nous avons juste le temps d'échanger quelques mots. Oussama est très inquiet. Il n'a reçu aucune confirmation concernant un départ le lendemain matin. Dans la soirée, j'apprends qu'il ne nous accompagnera pas. Son séjour en Turquie va se prolonger pour une durée indéterminée. Il ne bénéficiera pas, comme moi, d'un rapatriement pour raison de santé. Une grande tristesse m'envahit. Il nous a conduits jusqu'ici pour nous sauver et il va rester enfermé. J'essaie de lui parler par la fenêtre mais, ce soir-là, je n'obtiens aucune réponse. Je culpabilise de l'avoir mis dans cette situation.

Demain, je serai à la maison. J'appréhende ce retour autant que je le désire. Que va-t-il m'arriver ? Quel sort vont me réserver les autorités belges ? Comment vais-je me sentir dans ce pays que j'avais fini par détester avant de partir ?

Garde à vue

Une jeune dame au look décontracté est arrivée tôt ce matin au centre pour illégaux. Elle est là pour moi. Avec son jeans, ses baskets et l'infinie douceur des traits de son visage, je ne saisis pas tout de suite qu'elle est de la police. Sa mission est de vérifier que je quitte bien le territoire turc. Heureusement qu'elle est en civil, car elle ne me quittera pas d'une semelle jusqu'à ce que j'embarque dans l'avion qui me ramènera en Belgique. Je n'aurais pas aimé être suivie à l'aéroport par un policier en uniforme ! Mes parents sont là aussi. Enfin, je vais pouvoir sortir de cette prison. Je demande à voir Oussama un instant. Il a peur de ce qui va lui arriver, mais il reste calme. La séparation est difficile. Je lui promets que tout ira bien.

« Laura, que va-t-il se passer maintenant ?

— Je ne sais pas. Je t'attendrai en Belgique. On verra, on n'a pas d'autre choix. Je t'aime.

— Merci. Ne t'inquiète pas pour moi, prends soin de Nassim et de notre bébé. Je t'aime, *hobi.* »

La gardienne met fin à notre conversation. Je regarde Oussama une dernière fois dans cette petite pièce sombre et tristement vide. Il a l'air tout petit.

Les autres femmes m'attendent pour me saluer. Je les remercie toutes pour le soutien précieux reçu pendant ces deux jours. Après les avoir encouragées, je quitte cet endroit sordide sans me retourner.

Nous montons dans un taxi pour rejoindre l'aéroport de Gaziantep. Nous prendrons un premier vol jusqu'à Istanbul avant d'embarquer pour la Belgique. Mon cauchemar touche à sa fin. Pendant le trajet, je sens le regard inquisiteur de mon chaperon. La policière n'est finalement pas aussi douce qu'elle en avait l'air tout à l'heure. À l'aéroport, elle me suit partout, jusque dans les toilettes ! Une attitude un peu ridicule : je ne vais pas m'enfuir par une fenêtre de l'aéroport ! Je suppose qu'elle fait juste son boulot. Sa présence agit comme un sésame. Nous passons les contrôles rapidement et sans aucun problème, et nous avons le privilège de monter dans le Boeing avant tout le monde.

Quand l'avion décolle, un soulagement énorme et réconfortant envahit chaque parcelle de mon corps. Un grand sentiment de sécurité tranquillise mon cœur apeuré par neuf mois passés sous le joug de Daesh. En même temps, je pense à Oussama. Je culpabilise de l'avoir laissé dans ce trou à rats de centre pour illégaux. L'appareil atteint son altitude et sa vitesse de croisière. Je respire. Les bombardements, la violence, la haine ne peuvent déjà plus nous atteindre. Nassim est très excité ; c'est la première fois qu'il prend l'avion.

« T'as vu, maman ! Je vole dans les nuages ! »

Le vol est de très courte durée. À Istanbul, nous prenons un café avant de prendre l'avion qui nous ramènera à Charleroi. J'observe mes parents. Leurs visages sont marqués par la fatigue et l'angoisse des longs mois d'attente et d'espoir. Nous sommes réunis. Je suis heureuse, mais tellement honteuse de leur avoir infligé cette épreuve. Je sais que les ennuis ne sont pas terminés. À mon retour, je devrai rendre des comptes aux autorités belges.

Il est l'heure d'embarquer. Mission accomplie pour la policière turque ; elle nous abandonne sur la piste, où nous prenons la navette qui mène les passagers jusqu'à l'avion. Je ne suis pas mécontente de me débarrasser de ce pot de colle. À bord, je me détends enfin complètement en essayant d'oublier ce qui m'attend dans les jours à venir. Je n'imagine pas un instant à quel point je suis attendue à l'arrivée. Après l'atterrissage, mes parents reçoivent un message d'un ami les alertant de la présence massive de la presse à l'aéroport. Cette nouvelle m'agace furieusement.

« Comment sont-ils au courant ? Je ne veux pas les voir ! Il faut protéger Nassim. Comment va-t-on faire pour sortir ?

— Laura, calme-toi. On n'a pas le choix, il faut bien quitter cet aéroport.

— Ça me stresse trop ! »

Dans la file d'attente à la douane, je commence à ressentir des douleurs à l'estomac. Derrière les guichets, une dizaine de policiers sont à l'affut.

« T'as vu, papa ? Ce comité d'accueil est très certainement là pour moi.

— Ils sont armés et accompagnés de chiens !

— On dirait qu'ils s'attendent à cueillir un grand malfrat ! »

Derrière moi, un homme n'a pas perdu une miette de notre conversation. Il nous interrompt pour confirmer ce que nous avons deviné. C'est un policier en civil ! Je ne sais pas depuis combien de temps il nous suit. Depuis notre arrivée sur le sol belge, ou était-il déjà dans l'avion ? Peu importe, il nous demande de suivre les policiers dans le calme. L'un d'eux m'informe que je suis en garde à vue pour vingt heures. Je ne sens plus mes jambes ; cette annonce agit comme un électrochoc. Je devais m'y attendre, et pourtant c'est une claque.

« Madame Passoni, vous allez nous suivre. Nous allons sortir par une porte discrète, car les journalistes vous attendent. Vous serez conduite en ambulance à l'hôpital, où nous procéderons à votre audition. »

Nassim reste avec mes parents. Je lui explique que je dois aller voir un docteur pour vérifier que le voyage s'est bien passé pour le bébé. Il ne dit rien ; il est trop fatigué pour protester. Une policière m'accompagne dans l'ambulance. Je suis emmenée dans le tout nouvel hôpital de la région. Il n'était pas complètement construit quand je suis partie en Syrie. Le CHU de Charleroi est désormais installé dans un grand bâtiment orange et gris. La modernité et la taille de cet hôpital m'impressionnent. Je n'avais plus vu autant de propreté et de technologie depuis longtemps ! Un médecin me reçoit rapidement. J'ai peur de ce qu'il va me dire. En Syrie, l'Allemande m'avait dit que j'avais un virus qui pouvait être dangereux pour mon bébé, mais elle ne pouvait rien faire avec les moyens du bord. Après un monitoring et une échographie, le médecin se montre plutôt rassurant et m'annonce que je suis enceinte de sept mois et demi et non pas de six, comme je le pensais ! C'est un garçon. La gynéco allemande n'avait jamais pu me l'affirmer avec certitude. Oussama va être content. Le bébé se porte bien malgré un poids légèrement inférieur à la moyenne. D'après le médecin, je souffre simplement d'une cystite.

Après la visite, je suis conduite dans le service de pédiatrie, où on m'installe dans une chambre individuelle. Un policier est posté devant la porte, deux autres sont entrés avec moi pour m'interroger. Ils sont de la police fédérale. Avant de commencer, l'infirmière me propose de manger. Morte de faim, j'accepte tout de suite, touchée par la gentillesse de cette dame et étonnée de ne pas être mal jugée par le personnel de l'hôpital. Il est dix-sept heures trente quand les premières questions me sont posées. Les policiers me demandent de raconter mon voyage en Syrie. Je pleure, j'ai peur d'aller en prison. Que deviendrait Nassim ? Le policier me rassure et me conseille de collaborer. Je raconte toute l'histoire : pourquoi je suis partie, comment j'ai rencontré Oussama, ce que nous avons fait là-bas… Épuisée après quatre heures d'interrogatoire, il est près de vingt-deux heures quand les policiers m'annoncent l'arrivée du juge d'instruction et d'une greffière. Il va devoir décider s'il m'envoie en détention préventive ou pas. En quelque sorte, il me connait déjà ; un dossier est ouvert depuis mon départ et c'est lui qui s'en occupe depuis le début.

Je n'avais jamais rencontré un juge. Je suis étonnée qu'il se déplace jusqu'ici pour me voir. C'est un homme plutôt jeune, avec des petites lunettes et des cheveux noirs. Il me donne très vite l'impression d'être bienveillant à mon égard. Il se rend compte tout de suite de mon état de fatigue et me propose de m'allonger sur mon lit d'hôpital pour lui parler. Il s'installe à mes côtés avec la greffière et, pour la deuxième fois de la journée, je raconte toute l'histoire. Il m'écoute avec beaucoup d'attention. Quand j'ai terminé, il se dit soulagé de mon retour et de celui de Nassim. À la fin de l'audition, il m'inculpe de participation aux activités d'un groupe terroriste. Je frémis en entendant ces mots. La prison me pend au nez, mais le juge se montre indulgent. Il décide de ne pas me décerner de mandat d'arrêt. Je m'en sors avec des mesures alternatives en attendant le procès. Je peux quitter l'hôpital dès le lendemain à condition, notamment, de ne plus avoir de contacts avec Oussama et de ne pas parler à la presse. Le juge m'informe que le SAJ[1] se penchera

1. Service d'Aide à la Jeunesse.

sur la situation de mon fils. Le juge et la greffière se lèvent et me laissent seule avec cette décision. Je suis soulagée de ne pas aller en prison, mais la panique m'envahit. Cette ouverture de dossier au SAJ me terrifie. J'ai peur qu'ils ne m'enlèvent mes enfants ! Mes pleurs et mes cris alertent l'infirmière de garde. Elle tente de me calmer en me caressant le ventre.

« Ce n'est pas bon pour le bébé de se mettre dans un état pareil. Le juge va vous protéger. L'intervention du SAJ n'est pas forcément synonyme de placement de vos enfants.

— J'ai tellement peur ! Je ne veux pas être séparée de Nassim. Il est la prunelle de mes yeux.

— Vous voulez appeler vos parents pour leur parler ? Ça vous fera du bien.

— D'accord. »

Je n'oublierai jamais la gentillesse et la douceur de cette femme. Je forme le numéro de ma mère en tremblant.

« Maman, je n'irai pas en prison, mais je ne pourrai plus jamais voir Oussama et je risque de perdre la garde de mes enfants !

— Calme-toi, Laura. On va prendre un problème à la fois. De toute façon, Oussama est toujours en Turquie pour le moment et, pour tes enfants, on va prendre un avocat.

— Mais Oussama est le père de mon bébé ! Je n'aurais jamais dû revenir en Belgique. Regarde maintenant tout ce qui m'arrive ! Je veux retourner là-bas.

— Ne dis pas ça, Laura ! Tu sais que ce n'est pas vrai. Tu sais que c'est mieux pour tes enfants d'être rentrée !

— Tu savais pour le SAJ ?

— Oui, Laura.

— Pourquoi tu ne me l'as pas dit ?

— J'avais trop peur que tu ne reviennes pas.

— Tu n'aurais pas dû me faire ça, maman ! Tu m'as menti ! Si on prend mes enfants, ce sera de ta faute. »

Le stress, la fatigue, la pression… Je pète les plombs. Je me sens dépassée par ce qui m'arrive. Je l'ignore à ce moment-là, mais ma mère est sur écoute. Cette conversation a été retranscrite par les enquêteurs et sera ressortie au procès. Mon regret d'être rentrée en Belgique sera monté en épingle pour mettre en doute mes bonnes intentions.

Dans le calme de cette chambre d'hôpital, je pense à toutes mes connaissances. Mes amis, ma famille. Je devrai leur rendre des comptes, leur expliquer pourquoi je suis partie sans leur dire au revoir, me justifier. Ce retour est une épreuve. Suis-je capable de la surmonter et d'assumer mes choix ? Je m'endors malgré tout, ivre de fatigue.

Le lendemain, je suis toujours très énervée quand mes parents arrivent. La présence de Nassim me fait oublier mes soucis pendant quelques instants. Il me demande comment va le bébé. Je le rassure.

Le trajet entre l'hôpital et la maison de mes parents me parait étrange. Depuis mon retour, je n'ai vu que les couloirs de l'aéroport, l'ambulance et l'hôpital. Par la fenêtre, j'aperçois enfin des paysages familiers. C'est une sensation bizarre, un étonnant mélange de retrouvailles et d'inconnu, comme si c'était la première fois que je regardais vraiment ce qui m'entoure. Une redécouverte. Nassim me sort de mes pensées. Il est encore tout excité par le retour, trop heureux d'avoir retrouvé ses jouets et d'avoir reçu autant de visites de la famille. Il a un sourire radieux. Je ne l'avais plus vu si content depuis longtemps. Ce bonheur prend doucement le pas sur ma colère. Je décide de me laisser porter par ce sentiment positif, en profitant enfin de ce retour tant attendu. À la maison, Nassim me tire par le bras. Il veut me faire une visite guidée. Il me montre tous ses jouets, le fauteuil de papy, le chat, notre chambre. Il demande à se coucher sur le lit avec moi. Je m'allonge et le prends dans mes bras.

« Tu es content d'être rentré, je crois !

— Oui, maman ! Très content ! Et toi ?

— Moi aussi, mon ange, moi aussi. »

Nous sommes restés là un moment, sans plus rien dire, dans la sérénité de cette chambre, loin des bombardements et de la peur.

Dans la cuisine, mon oncle Giovanni, celui qui habite à côté, est déjà là. Quand je descends avec Nassim, il est en grande discussion avec mes parents, qui racontent leur aventure à la frontière syrienne. Ma tante Rita nous rejoint. Cette réunion de famille improvisée me fait plaisir. Je les regarde discuter. Leurs visages m'ont manqué. Ils sont chaleureux avec moi, sincèrement heureux de nous revoir. Je sais qu'ils me pardonnent tout. Ma tante explique dans quel état de désespoir étaient mes parents pendant notre absence. Mon oncle, lui, n'était plus le même homme. Il était éteint, ne parlait plus beaucoup. Je vois, de mes yeux, la souffrance infligée aux miens par mon départ. Je sens leur amour infini. C'est une chance inouïe d'avoir une telle famille. Je m'en rends compte aujourd'hui. Je passe un coup de fil à ma sœur Maria. Elle habite en France et ne pourra pas venir me voir avant le week-end prochain. Elle m'a tellement manqué. Je lui annonce que je vais avoir un garçon ; j'ai hâte de la revoir.

Malgré l'interdiction d'entrer en contact avec Oussama, je décide de lui envoyer un texto pour lui raconter mes premières vingt-quatre heures sur le sol belge. Nous échangeons quelques messages sur le téléphone d'un compagnon de cellule du centre pour illégaux. Je lui explique les interrogatoires, le juge, l'hôpital et surtout, je lui parle de notre enfant.

« C'est un garçon ! Il va bien.

— Génial ! Je t'aime, j'espère que je rentrerai bientôt. J'ai envie de te revoir. Tu crois que je serai incarcéré ?

— Je ne sais pas. Tu seras arrêté, c'est sûr, mais je ne sais pas si tu bénéficieras des mêmes conditions que moi.

— Ça me stresse, mais je ne veux pas rester dans ce centre. Il faut que je sorte d'ici.

— Patience. Je t'attends. Je n'ai pas le droit de te parler. Contacte-moi uniquement à ce numéro, les autres sont surveillés. »

La journée se termine par un repas familial. Ma mère a préparé une tonne de nourriture ! Elle veut que je mange pour que le bébé grossisse. Nassim a perdu du poids ; elle veut nous remplumer. Au menu : escalopes panées avec des pâtes à la sauce tomate maison, la meilleure du monde ! Je me régale, tout me semble divin. Nassim ne dit plus un mot, il dévore avec plaisir. Mes parents nous regardent en souriant.

Les premiers jours à la maison, je me repose, je souffle. Le stress de la vie sous les bombardements s'évacue peu à peu. Nous ne devons plus être en permanence sur le qui-vive, mais nos corps n'ont pas encore oublié d'être vigilants. Quand un avion passe près de la maison, je sursaute. Nassim court se réfugier sous la table. Je lui explique qu'il ne doit plus avoir peur. Ici, il n'y a pas de bombes, mais celles de la guerre en Syrie continuent à résonner et à nous traumatiser.

La semaine suivante, je suis convoquée au SAJ. Une assistante sociale me reçoit. Je suis très angoissée ; l'enjeu de cet entretien me fait trembler. Je dois raconter mon histoire, encore une fois. La jeune dame m'écoute. Elle a l'air gentille, ça me donne de l'espoir. À la fin de l'entrevue, je ne sais toujours pas si Nassim pourra rester avec moi. La décision sera prise la semaine suivante. Je suis confiante. Je ne vois pas où est le mal ni pour quelle raison ils placeraient mon fils. Je comprends leurs craintes au vu de l'endroit où je l'ai emmené, mais je suis une bonne mère. Je veux le bonheur de mon enfant.

Au rendez-vous suivant, mes parents sont convoqués également. Sur place, nous sommes accueillis par l'assistante sociale et la directrice du SAJ. Mon avocat et celui de Nassim sont déjà là. La directrice annonce la couleur tout de suite : elle souhaite que Nassim soit placé. Mes jambes se dérobent, heureusement que je suis assise. Les autorités redoutent que je ne parte une nouvelle fois avec le petit. Ils veulent le protéger. Je ne ferais jamais une chose pareille mais je comprends leurs craintes.

« Je suis prête à aller dans un foyer pour femmes si vous estimez que Nassim ne peut pas rester avec moi mais, s'il vous plait, laissez-le avec mes parents. Ce serait terrible pour lui d'être, une nouvelle fois, arraché à sa vie, à sa maison, à ses grands-parents. Je lui ai déjà fait du mal en partant, je vous en prie, ne le mettez pas dans une institution. »

Une discussion animée s'engage entre les avocats et les représentantes du SAJ. Mon avocat insiste sur le fait que j'ai ramené Nassim en Belgique pour le sauver et que l'enfant ne doit pas être puni pour l'erreur que j'ai commise.

« Laura, nous allons mettre en place la meilleure solution pour que Nassim soit en sécurité. Je ne veux pas qu'il soit perturbé. Confier la garde à tes parents est la meilleure option, et c'est bien celle que nous envisageons. Tu pourras continuer à t'occuper de lui, mais ce sont tes parents qui décideront pour lui, plus toi. Nous allons également charger une ASBL[1] d'assurer un accompagnement éducatif pendant trois mois. »

Si je n'accepte pas cette proposition du SAJ, c'est un juge qui devra décider. Une mesure plus radicale pourrait être prise, comme un placement en institution. Le placement chez mes parents est un moindre mal. Je m'empresse de l'accepter. Comme je vis chez eux, Nassim ne verra pas la différence et c'est ça qui compte en définitive.

Je sors de cette entrevue soulagée, mais aussi humiliée. La seule certitude que j'avais encore, c'était celle d'être une mère. Aujourd'hui, mon statut de maman est remis en cause, alors que c'était tout ce qui me restait. L'attitude du SAJ me met en colère. Je vis très mal cette idée de contrôle éducatif à domicile par une ASBL. C'est une intrusion dans notre intimité. Mon avocat tente de me calmer en m'expliquant que c'est une situation exceptionnelle. En général, quand on retire la garde à un parent, c'est pour éviter qu'il continue à vivre au quotidien avec son enfant, pour protéger l'enfant d'une maltraitance. Dans

1. Association sans but lucratif. L'équivalent d'une association loi 1901 en France.

mon cas, ma présence auprès de Nassim n'est pas remise en cause. Mon avocat a raison. Je me calme et je le remercie d'avoir si bien défendu mes intérêts de mère. C'est grâce à ses interventions convaincantes que j'ai toujours Nassim à mes côtés. Je lui en serai éternellement reconnaissante.

Toutes les décisions prises par les autorités à mon encontre tournent autour de leur crainte d'une récidive. Les Affaires étrangères me demandent de rendre mon passeport. Le juge m'interdit de quitter le territoire ; cela fait partie des conditions judiciaires que je dois respecter. Une fois par mois, je dois me présenter à la maison de justice où mon agent de probation doit vérifier le respect des conditions imposées.

Un jour, je reçois un message inquiétant sur le téléphone d'Oussama que j'avais gardé depuis mon retour de Turquie. Un message menaçant venant d'un membre de Daesh.

« Tu n'es qu'un traitre. Tu devrais avoir honte ! Tout le monde a vu la tête de ta femme avec ces photos diffusées dans la presse. Nous connaissons maintenant son visage. Fais attention. »

J'ai immédiatement prévenu la police et je leur ai remis le téléphone pour analyse. De toute façon, il était temps que je les informe de l'existence de ce portable.

Le 31 mars 2015, Oussama est transféré en Belgique. Je suis soulagée de le savoir bientôt près de nous. À son retour, il est immédiatement arrêté. Il passe sa première nuit dans la cellule d'un commissariat. Le juge d'instruction sera moins clément avec lui qu'il ne l'a été avec moi. Oussama est directement placé en détention préventive à la prison de Mons. Je suis tenue au courant de son retour par la police fédérale, mais je n'ai toujours pas le droit de le voir.

Depuis qu'il est rentré en Belgique, nous n'avons plus de contact. En Turquie, nous communiquions grâce au téléphone d'un codétenu, en dépit de l'interdiction. Cet écart n'a pas échappé aux enquêteurs. Je me demande comment ils sont au courant puisque j'utilisais un nouveau numéro pour l'appeler. Alors qu'Oussama est déjà rentré en Belgique, la police fédérale me convoque pour un nouvel interrogatoire.

« Vous êtes convoquée pour non-respect des conditions judiciaires. Vous savez ce que cela signifie ?

— Je vais aller en prison ?

— C'est le juge qui va décider mais, théoriquement, oui ! Vous nous avez pris pour des imbéciles ? Vous êtes sur écoute. On vous avait pourtant dit que tout contact avec Oussama était interdit !

— OK, je n'ai pas respecté cette condition, mais c'était uniquement pour lui donner des nouvelles de ma grossesse. Vous comprenez, Oussama ne reçoit aucun soutien de sa famille. Il est seul, je ne pouvais pas le laisser tomber.

— On va appeler le juge pour voir ce qu'il en pense. »

Décidément, ce juge est compréhensif. Il me laisse une deuxième chance. Cette fois, j'ai intérêt à respecter les conditions à la lettre, sinon je vole directement en prison. Ça va être difficile, mais je n'ai pas le choix. Je sais qu'Oussama est très amaigri et qu'il ne dispose de pratiquement aucun vêtement à sa taille. Je l'imagine dans sa cellule, ça me brise le cœur. Je ne peux rien y faire pour le moment. Mes parents compatissent à ma tristesse, malgré leur ressentiment à l'égard d'Oussama. Naturellement, ils lui en veulent de ne pas m'avoir laissé quitter la Syrie plus tôt mais, en même temps, ils savent que c'est grâce à lui que j'ai finalement pu rentrer en Belgique. Leur faculté à me pardonner et à ne pas trop en vouloir à Oussama est une preuve supplémentaire de leur amour infini et inconditionnel.

Charleroi, mai 2015

Deux mois se sont écoulés depuis mon retour. J'ai du mal à me réadapter. Les contrôles à domicile de cette ASBL, chargée de vérifier que je suis une bonne mère, me pèsent. Deux femmes viennent à la maison quatre fois par semaine. Elles s'asseyent dans la cuisine, regardent ce que je donne à manger à Nassim, vérifient que je le lave, que je m'occupe de lui. C'est vraiment très vexant. Je prends sur moi mais, certains soirs, dans mon lit, je pense à la Syrie. Je me dis que je n'aurais jamais dû revenir. Je n'ai que des ennuis ici, jamais je ne retrouverai ma place en Belgique. Je serai toujours considérée comme une terroriste potentielle, une paria, une mauvaise mère. Comment vais-je m'en sortir ? Heureusement, je parle à ma mère de ces interrogations. Elle essaie de me comprendre, même si ça la blesse d'entendre que, certains jours, je regrette d'être revenue. Elle me dit de me centrer sur le bébé qui va arriver, que ça m'occupera et que j'oublierai la Syrie. Ses conseils m'aident à avancer.

Le 13 mai, je me rends à la maternité. Je n'ai toujours pas de contractions, le bébé ne descend pas. La gynécologue a décidé de provoquer la naissance et a prévu une césarienne. Mon bassin étant trop étroit, elle ne veut prendre aucun risque. Je suis anxieuse. La peur et l'impatience de faire connaissance avec mon deuxième enfant me font frissonner. Ma mère m'accompagne. Une fois de plus, je vais accoucher sans le papa à mes côtés. Cette fois, je sais que ce n'est pas faute d'envie d'être là, mais cette absence me pèse.

13 h 57, Ismaël est là ! Il est magnifique et pèse finalement trois kilos neuf-cent-cinquante grammes. Les petits plats de ma

mère sont passés par là. C'était inespéré. Mes parents tombent immédiatement sous le charme. Nassim est super heureux. Il attendait son petit frère avec impatience.

« Coucou, je suis ton grand frère ! Quand tu seras plus grand, tu joueras avec moi, d'accord ? »

Nassim couvre son frère de baisers et lui offre son premier doudou. Toute la famille est à nouveau réunie autour de cet enfant. Je suis heureuse que tout se soit bien passé, je suis heureuse d'être en Belgique. Si j'étais restée là-bas, je n'aurais peut-être pas survécu.

Reprendre pied et assumer

Nassim est le plus heureux des grands frères quand je sors de la maternité avec Ismaël. Nous sommes tous les trois bien installés chez mes parents, mais je rêve d'aller vivre dans ma maison, celle qui était en travaux avant mon départ. Mes parents ont achevé de la remettre en état pendant mon absence et ont tout fait pour continuer à payer mon emprunt. Ils ont été obligés de la louer pour parvenir à tout payer. Je ne pourrai donc pas m'y installer tout de suite. De toute façon, le SAJ maintient le placement de Nassim chez mes parents et vient d'en faire autant pour le bébé. Il est donc hors de question que je déménage ; je tiens à rester auprès de mes enfants. Rentrer en Belgique était ce que j'avais de mieux à faire, mais reprendre ma vie d'avant ne va pas se faire du jour au lendemain. Le chemin est long, frustrant et difficile.

Le plus pesant pour l'instant, c'est le jugement des autres. Je voudrais reprendre ma vie là où je l'ai laissée, mais c'est impossible. Le meilleur exemple est celui de l'école. Nassim a été obligé de changer d'établissement scolaire. Les parents des élèves ont fait une pétition pour qu'il ne puisse pas réintégrer sa classe. La direction n'était pas d'accord avec cette pétition, mais il valait mieux éviter au petit de se sentir rejeté. L'attitude des parents aurait immanquablement déteint sur une partie des enfants. Il était triste de ne pas revoir ses amis, mais il s'est vite intégré dans son nouvel environnement scolaire.

Les semaines passent et je n'ai toujours pas le droit de voir Oussama, et donc de lui présenter notre enfant. Cette interdiction ne sera levée qu'au mois de juin, après une confrontation entre moi et Oussama organisée à la police judiciaire fédérale.

Je suis nerveuse à l'idée de le revoir après autant de temps. Je me maquille avec soin et je choisis ma plus belle tunique pour me rendre à cette première visite. Oussama a été transféré à la prison de Jamioulx, un établissement pénitentiaire situé à une vingtaine de minutes en voiture de la maison de mes parents. Ismaël a déjà plus d'un mois ; il était temps qu'il rencontre son papa. Je laisse Nassim à la maison. Je veux d'abord voir si les conditions de visite sont adaptées à un enfant de son âge. Ne risque-t-il pas d'être perturbé en voyant Oussama enfermé ? Pour le bébé, c'est différent, il ne sait pas ce qu'est une prison. Oussama est soumis à un régime de haute sécurité et ne peut donc pas recevoir de visite au parloir classique. La rencontre aura lieu dans le parloir des avocats, une petite pièce munie d'une table, de chaises et de caméras de surveillance. Oussama n'a pas été prévenu de ma visite ; il s'attend à voir son avocat. La surprise est totale quand la porte s'ouvre.

« C'est vous ? Ça alors ! Montre-moi mon fils !

— Regarde comme il est beau.

— Il est magnifique. »

Oussama nous prend dans ses bras et demande à donner le biberon à Ismaël. Quel bonheur de le voir avec notre enfant ! Il faudra encore beaucoup de patience. J'espère que nous serons réunis un jour. Je rentre satisfaite de cette première rencontre, mais je préfère attendre encore avant d'amener Nassim en prison. J'ai bien trop peur que le SAJ ne me reproche de l'avoir emmené dans un pareil endroit. Au début du mois de juillet, j'ai récupéré la garde de mes enfants ; je ne voudrais pas qu'une maladresse change la donne.

Au mois de septembre, je me décide finalement à emmener Nassim avec moi. Il a très envie de voir Oussama, et j'ai vu que d'autres enfants étaient régulièrement présents lors des visites.

Nassim ne tient plus en place, il est excité à l'idée de revoir Oussama. Cette fois, la rencontre pourra avoir lieu dans le parloir réservé au public. En arrivant, le petit veut acheter des bonbons au distributeur installé dans le parloir. Occupé avec la machine, il ne se rend pas compte de la présence d'Oussama qui lui caresse doucement les cheveux.

« Nassim, regarde un peu qui te caresse les cheveux !

— Papa Oussama !

— Mon chéri ! Comme tu as grandi ! Comment ça va à l'école ?

— Ça va bien, j'ai plein de nouveaux copains ! »

Pendant les neuf mois passés en Syrie, Oussama a su prendre une place auprès de Nassim. Cette complicité me touche ; mon fils a beaucoup souffert de l'absence de son père biologique.

Au moment de dire au revoir, Nassim a les larmes aux yeux. Il n'avait pas compris qu'Oussama devait rester en prison. Il pensait qu'il pourrait rentrer à la maison avec nous. C'est une grande déception. Trop de questions sans réponse, d'émotions pour mon petit bout. Son chagrin me fend le cœur. Je ne sais pas quoi lui dire pour le consoler. Je regrette de ne pas lui avoir mieux expliqué la situation. J'espère qu'un jour, je pourrai enfin offrir à mes enfants une famille stable, un père présent et responsable. C'est mon plus grand souhait.

En attendant, je suis une mère seule avec deux enfants de pères différents, sans emploi, et qui risque la prison. On est loin de l'image de la famille heureuse et unie du célèbre feuilleton qui a bercé mon enfance, *La petite maison dans la prairie* ! Heureusement, voir Nassim s'épanouir et rire à nouveau m'aide à surmonter les problèmes. Ce séjour en Syrie l'a obligé à grandir plus vite. Il me parle et formule parfois ses états d'âme d'une manière surprenante pour un enfant de son âge. Un soir avant de s'endormir, après la traditionnelle histoire lue au bord du lit, il a dit une chose que je n'oublierai jamais.

« Maman, je suis content d'être revenu en Belgique. Là-bas, je n'étais pas bien. Je n'aimais pas là-bas. Je ne veux plus jamais y aller. Heureusement, tu m'as protégé.

— Je te demande pardon, Nassim, pour le mal que je t'ai fait. C'était une grande erreur de t'emmener en Syrie. »

Pendant près d'une année, l'enquête judiciaire va suivre son cours. Je suis convoquée de temps en temps pour répondre à de nouvelles questions. La police débarque parfois à la maison, sans prévenir, pour contrôler ma présence et le respect des conditions. Je me sens surveillée, épiée, contrôlée. Une humiliation de plus. En même temps, je comprends l'attitude des autorités. Ils ne me connaissent pas et se méfient de tous ceux qui ont séjourné en Syrie. J'ai parfois l'impression que je n'aurai plus jamais une vie normale. Il y a des moments où ces difficultés me donnent la nostalgie d'un sentiment que j'éprouvais lorsque j'étais en Syrie : celui d'appartenir au clan des « forts » et d'y avoir un rôle à jouer. Je sais que ce n'était qu'une illusion, mais je n'avais jamais rien ressenti de tel dans ma vie. Avant la Syrie, je ne trouvais pas ma place. Aujourd'hui, je ne suis plus rien, ou plutôt, je suis une délinquante, une terroriste aux yeux de la société. Tout est à reconstruire, et je sais que ça prendra du temps, mais je suis prête à l'assumer et c'est ma responsabilité. Parfois, je ressens aussi une forme de culpabilité : celle d'avoir trahi mes « frères » et « sœurs », alors que, en même temps, je suis en désaccord total avec l'« État islamique », que je rejette profondément Daesh. Ce sentiment étrange, paradoxal, dernière trace des dégâts de l'endoctrinement que j'ai subi, va me quitter au fil des semaines grâce à la patience et l'amour de mes parents et à ma volonté d'avancer, de me battre pour le bonheur de mes enfants, ma seule raison de vivre. Je veux les voir grandir dans la paix, trouver un travail et tourner définitivement la page.

Jumet, mars 2016

L'enquête se termine début 2016, quelques semaines après les attentats de Paris, dans un climat tendu de risque terroriste. J'ai du mal à réaliser que, aux yeux de la justice, je suis assimilée à ces gens. Inculpée pour participation aux activités d'un groupe terroriste, je ne suis pourtant pas partie en Syrie pour commettre des crimes. Je ne me vois pas du tout comme ces terroristes. Même si mon intention était bien de rejoindre le groupe « État islamique », je n'avais aucune conscience de leurs vrais desseins. Je sais aujourd'hui que leurs motivations n'ont rien à voir avec la religion. C'est le pouvoir qui les intéresse, uniquement le pouvoir.

Mon procès devant le tribunal correctionnel de Charleroi débute le 2 mars. La veille, mon avocat tente de me rassurer. Il ne croit pas que je serai condamnée à une peine d'emprisonnement. J'espère qu'il a raison. J'angoisse. Demain, je ne dois pas m'attendre à beaucoup de compassion. Mon avocat m'a prévenue, le juge va me poser des tas de questions. Il ne sera pas tendre. Je redoute de ne pas trouver les mots justes, de ne pas réussir à m'exprimer correctement, de ne pas pouvoir expliquer ce qui m'est réellement arrivé.

Nous sommes trois à comparaitre. Oussama, bien entendu, est présent. Le troisième est Anas, le copain d'Oussama, celui qui nous avait conduits à Paris avec la fameuse Mercedes achetée quelques semaines plus tôt et revendue après notre départ. Au palais de justice, le dispositif de sécurité est impressionnant. Des policiers fouillent et vérifient l'identité de chaque personne qui se présente à l'entrée de la salle d'audience. Je comparais libre et j'entre donc par la même porte que le public. Oussama et Anas arrivent par une porte réservée aux détenus. Ils entrent menottés et escortés par des policiers encagoulés. La salle est remplie de flics et de chiens policiers. Tout ça pour nous. Je comprends les précautions : nous sommes accusés d'avoir participé à un groupe terroriste, ça fait peur. Mais je ne peux m'empêcher de trouver cela un peu exagéré. Je n'ai jamais fait de mal à une mouche, et ce n'est certainement pas maintenant que je vais commencer. Ma mère m'accompagne et me soutient. Mon père préfère ne pas assister à ça ; voir sa fille sur le banc des accusés est trop difficile.

Le premier jour du procès, le juge nous pose des questions à tous les trois. Je suis mal à l'aise, les mots ne viennent pas. Je perds mes moyens. Le juge me dit que ce que je raconte n'est pas logique. Il ne croit pas que je n'avais pas vu de vidéos d'égorgement, que je n'étais pas au courant de ce qui se passait vraiment là-bas, avant de partir. C'est pourtant la vérité. En juin 2014, il me semble que la médiatisation à grande échelle des exactions de l'EI n'avait pas l'ampleur qu'elle a prise à partir de la décapitation du journaliste américain James Foley, en aout 2014. Avant mon départ, en juin 2014, je ne regardais pas les journaux à la télévision, je ne consultais pas de sites d'information sur internet. Une grave lacune sans doute, mais c'est la stricte vérité. Dans les images de propagande que j'ai pu voir avant mon départ, il y avait bien entendu des images de guerre. Des chars, des tirs à la *douchka*, des bombardements, mais toujours présentés comme une lutte contre le régime sanguinaire de Bachar el-Assad. Faire tomber ce dictateur était présenté comme leur principal objectif, avec l'idée d'instaurer un État régi par des règles islamiques. Les vidéos de propagande que j'ai vues avant de partir montraient une cause qui me paraissait juste. Les vidéos de décapitations et de tortures, je ne les ai découvertes que bien après, dans les maisons de femmes. Ça m'avait dégoutée. Le juge m'a aussi reproché la fameuse phrase prononcée au téléphone lorsque j'étais en garde à vue à l'hôpital, avec cette crainte qu'on ne place mes enfants : « Je n'aurais jamais dû revenir en Belgique, je veux retourner là-bas ». Lors de cette première audience, je n'ai pas su me défendre.

Le jugement est rendu le 23 mars. Ce jour-là, je me lève très nerveuse. La Belgique se réveille dans la douleur et l'horreur. La veille, Daesh a frappé Bruxelles. À L'aéroport de Zaventem, à la station de métro Maelbeek, le décompte des morts et des blessés est loin d'être terminé lorsque je me présente au palais de justice. Je suis mal à l'aise. Aux yeux du tribunal, de la société, de l'opinion publique, je suis dans le camp des terroristes. Ces attentats me rappellent cruellement la gravité et l'ampleur de l'erreur que j'ai commise en rejoignant ce groupe djihadiste en Syrie.

Nassim est stressé ; il sait que c'est le grand jour. Celui où sa maman risque d'être envoyée en prison. J'ai préféré lui en parler pour le préparer à cette éventualité. Pour le rassurer, je lui dis que tout ira bien et que, dans le pire des cas, mamy et papy s'occuperont de lui. J'ai peur de ne pas rentrer à la maison ce soir. Mon cœur se serre quand je le dépose à l'école.

Au palais de justice, les journalistes sont déjà là, avec leurs caméras. J'entre le plus vite possible dans la salle d'audience pour leur échapper. Je me sens faible, ma mère me tient par le bras pour m'encourager. L'audience commence par une minute de silence pour les victimes des attentats commis la veille à Bruxelles. C'est un moment intense et solennel, étrange aussi. Les avocats, les juges, le procureur, les policiers encagoulés et trois personnes accusées de participation aux activités du groupe terroriste qui a frappé la veille, se recueillent de concert. Je n'oublierai jamais ce 23 mars.

Le juge prend la parole ; il va lire son jugement. Il parle entre ses dents. Je n'entends qu'un mot sur deux. Je perçois le principal : quatre ans ferme pour Oussama. Anas prend trois ans. C'est à mon tour ; j'ai l'impression que je vais m'évanouir. Le juge me fixe pour prononcer ma peine : trois ans de prison avec sursis probatoire. Une peine conséquente, mais je suis libre. Parmi les conditions à respecter durant les cinq prochaines années, il y a bien sûr l'interdiction de quitter le territoire belge sans l'autorisation de mon agent de probation, mais il y a surtout l'obligation de m'abstenir de tout contact avec des condamnés du chef d'infractions terroristes. En clair, je ne peux plus rendre visite en prison à Oussama. Un sentiment d'injustice m'envahit. C'est le père de mon enfant. Je me retrouve une fois de plus complètement seule pour éduquer un petit. Mon avocat me conseille de ne pas faire appel. Un autre juge pourrait décider de me mettre en prison. La seule solution est d'en parler avec l'agent de probation qui me suivra pendant les cinq années de mon sursis probatoire. Peut-être acceptera-t-il d'assouplir cette condition. En attendant, c'est ma mère qui va voir Oussama en prison pour lui montrer notre fils. Oussama lui dit qu'il accepte sa peine, qu'il va être patient.

Témoigner à visage découvert et mettre en garde

L'avenir est à construire maintenant. Mes enfants sont ma priorité. Leur bien-être, leur bonheur, c'est tout ce qui compte à mes yeux. Je voudrais retrouver du travail, mais je sais que ce sera difficile avec mon casier judiciaire. Une condamnation pour terrorisme, ça fait peur. Si j'ai la chance de décrocher un boulot, j'aimerais que ce soit dans un domaine où je peux aider les autres, me rendre utile. Je compte entreprendre une formation d'aide familiale et, si je ne trouve pas d'emploi, j'aimerais m'engager comme bénévole dans une association pour aider les plus faibles.

Mais mon plus grand souhait, c'est de mettre en garde les jeunes filles. Raconter mon histoire dans les écoles et dans les associations pour alerter, prévenir. Je suis prête à assumer et à parler à visage découvert. Si mon témoignage peut aider, si mon parcours et mes terribles erreurs peuvent empêcher certaines de partir, alors tout cela aura au moins un sens. J'ai gâché ma vie et celle de mes parents. Ils se sont endettés à cause de moi. Les filles, s'il vous plait, ne croyez pas les recruteurs ni la propagande de Daesh. Là-bas, les femmes ne sont que des ventres. Elles sont des marchandises, stockées dans les *madafa*. Elles n'ont aucune liberté. Elles sont séquestrées, n'ont pas le droit de circuler librement ou de quitter le pays, elles n'ont pas voix au chapitre, elles doivent obéir aux hommes et se soumettre. Daesh impose sa vision aux hommes aussi. Il n'y a aucune liberté là-bas. Pour personne. Et surtout, Daesh tue et torture au nom d'Allah. Le Coran dit pourtant bien que seul Dieu peut décider de l'heure de notre mort. Les djihadistes de l'« État islamique » se prennent pour Dieu. Ce qui les intéresse, ce n'est pas la religion, mais le pouvoir, rien que le pouvoir. Je croyais qu'ils luttaient juste contre le régime de Bachar el-Assad. C'était un leurre.

Je me rends compte que Daesh fait aussi beaucoup de tort à l'islam et aux musulmans, tout en prétendant les défendre. L'islam est une religion de paix et d'amour. Daesh détourne et manipule les textes sacrés pour se donner les pleins pouvoirs. En commettant des attentats, en semant la mort au nom d'Allah, ils alimentent le racisme, la haine envers les musulmans et poussent au repli sur soi. Aujourd'hui, je suis toujours musulmane, mais je rejette l'interprétation fausse et dévoyée de ma religion, que répand ce groupe terroriste.

J'espère avoir l'occasion de raconter mon histoire dans les écoles. Ce serait pour moi une manière de me racheter et de faire ce que j'ai toujours voulu : aider les autres.

Avec ce voyage en enfer, j'ai aussi pris une leçon de vie. Avant, j'étais une femme capricieuse, toujours insatisfaite. J'avais l'impression que, pour être heureuse, il m'en fallait toujours plus. J'ai compris aujourd'hui la chance que j'ai. J'ai échappé à la mort. Quelques semaines après mon retour en Belgique, l'immeuble dans lequel je vivais a été complètement détruit par un bombardement. J'ai une famille qui m'aime à l'infini, des enfants merveilleux. Je vis dans un pays où on peut choisir sa religion et la pratiquer sans risquer sa vie. Les enfants ont droit à l'éducation et au bien-être.

Et surtout, ici, je suis une femme libre.

Remerciements

La vie que je mène, la chance de l'avoir reconstruite aujourd'hui et l'écriture de ce livre n'auraient pas été possibles sans l'aide et le soutien de personnes que je tiens à remercier ici.

Tout d'abord, je pense à mes enfants. C'est grâce à eux que j'ai la force d'avancer dans la vie. Je me battrai jusqu'à mon dernier souffle pour leur offrir un bel avenir et leur éviter de faire les mêmes erreurs que moi. Merci mes chéris, je vous aime plus que tout.

Je veux aussi remercier mes parents pour tout ce qu'ils font pour nous. Leur amour infini leur a donné la force de me sauver de l'enfer de Daesh. Sans eux, je ne serais pas là pour témoigner et alerter. J'ai beaucoup de chance de les avoir. Je pense aussi à ma soeur, toujours présente et de bon conseil.

Qu'il me soit également permis de remercier Oussama. C'est grâce à lui que j'ai finalement pu quitter la Syrie. Il a pris des risques sur place et savait à quelles conséquences il s'exposait en rentrant en Belgique.

Mon avocat, Maitre Ureel, a également été de ceux qui m'ont fait confiance. Il m'a défendue bec et ongles et a permis à notre famille de rester unie. Je le remercie du fond du coeur.

Ma reconnaissance va également à mes deux amies qui sont toujours là pour moi et à la directrice de l'école de mon fils aîné. Elle a m'a fait confiance et a aidé Nassim à se sentir bien dans sa classe.

Je tiens aussi à encourager et remercier les parents de jeunes partis en Syrie, qui luttent contre la radicalisation violente à travers leurs associations.

Un petit mot aussi pour mon éditrice, Véronique de Montfort, qui m'a permis de raconter mon histoire, pour mon co-auteur, Catherine Lorsignol, qui a m'a aidée à mettre des mots sur mon vécu. Elles ont été d'un grand soutien, tout au long de la réalisation de ce livre.

Merci à mes lecteurs et à toutes les personnes qui auront fait l'effort d'écouter mon histoire sans me juger.

Merci à Dieu en qui j'ai la foi.

Laura Passoni

Table des matières

Achevé d'imprimer en septembre 2016
sur les presses de la Nouvelle Imprimerie Laballery
58500 Clamecy
Dépôt légal : septembre 2016
Numéro d'impression : 608303

Imprimé en France

La Nouvelle Imprimerie Laballery est titulaire de la marque Imprim'Vert®